世界伟人传记

毕加索

Picasso

郑清荣 编写

陕西出版传媒集团
陕西人民出版社

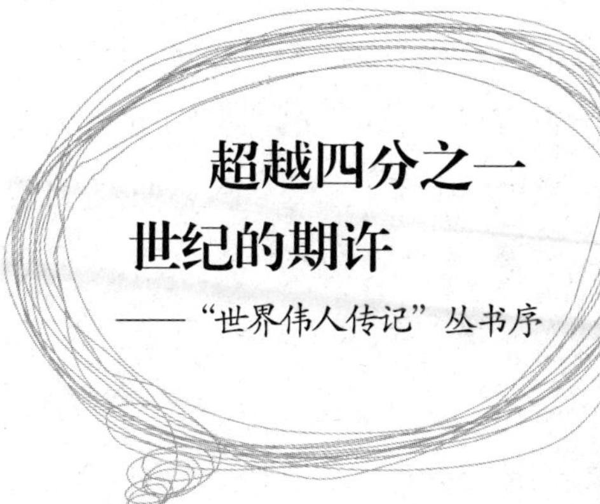

超越四分之一世纪的期许

——“世界伟人传记”丛书序

早于四分之一世纪前的一个黄昏，有一群中年人和青年人会聚在东方出版社已故创办人游弥坚先生的家里，听取游先生语重心长的谈话。当时台湾的经济情况远不如今日，但已然有萌芽起飞的征兆。社会民生的物质生活，显见较有长足的进展；但是精神生活的提升，则颇嫌步调缓慢。以出版界而言，纸张印刷既不能与今日比，而出版社也寥寥可数，成人的刊物虽然有一些，但少年读物则十分贫乏。游弥坚先生有鉴于此，想要为少年男女编纂一些健康有益的优良读物。他的构想分两方面：一方面要从世界文学名著之中整理出一套可供少年阅读的《世界少年文学选集》，同时也配合出版适宜少年阅读的“世界伟人传记”。那个黄昏会聚在游先生家里的中年人和青年人，便是一群从台湾各地挑选出来担任执笔者。当时还在台大中文研究所读书的我，便是其中之一。虽然，那个黄昏距离现在已超过四分之一世纪的遥远，我仍然不能忘记游先生对于少年读者的关怀，也还记得大家曾经多么热烈地交换意见和互相鼓励的情况！

对于当时的中小学生而言，课外的娱乐活动种类极少，而可供他们课外阅读的书籍更是几乎没有。游先生的这两大套书的出版构想，可说是跨时代的高瞻远瞩。我们讨论到如何分配工作，也商量怎样在分工合作的情况之下，尽量达成异中有同的终极目标。

精选出来的二十多位世界伟人，完全是基于客观公正的立场，所以兼容古今中外，并没有特别强调民族本位的色彩，从教育、文学、科学、政治及艺术等各部门选出最受世人崇仰敬爱的伟大人物。每一位人物的生长背景各不相同，而他们在一生之中所表现的奋斗过程与不折不挠的精神，则是异中有同的。但是为了顾及少年读者阅读的兴趣，这些传记都避免正面冗长的说教性叙述，而多从日常生活富于启发性的小故事来传达伟人所以成功的道理；尤其是着重在他们年少时代的生活特征，以诱发少年读者们的共鸣，希望我们的少男少女在课外阅读这些趣味性浓厚而立意严肃的世界伟人传记时，能够于不知不觉之中领悟到做人处世的高尚理想。

这一套书中随处出现的精美生动的插图，乃是以图辅文，借以达到图文并茂的目的。每一个伟人传记的文后，都附有简单的年谱，让读者能够从中再度温习伟人的重要事迹。

自有“世界伟人传记”丛书的编纂构想以来，已经历了四分之一世纪的时间。这期间无论社会或个人都发生过种种变化，当初主其事的游弥坚先生已经作古，当初执笔撰写参与其事的人，也多四处星散，但是这一套书却一直流传下来，成为最受少年男女欢迎的课外读物之一。这么多年来，许多年少时读过这套书的人，也已经长大成人各奔前程。想到这些，我如今执笔为这一套丛书写序时，心中充满了感慨与感动。现在，我衷心希望无论过去与未来阅读这套书的人，都能深刻铭记编撰人的苦心，从伟人们的传记中汲取崇高的人生哲理。

林文月

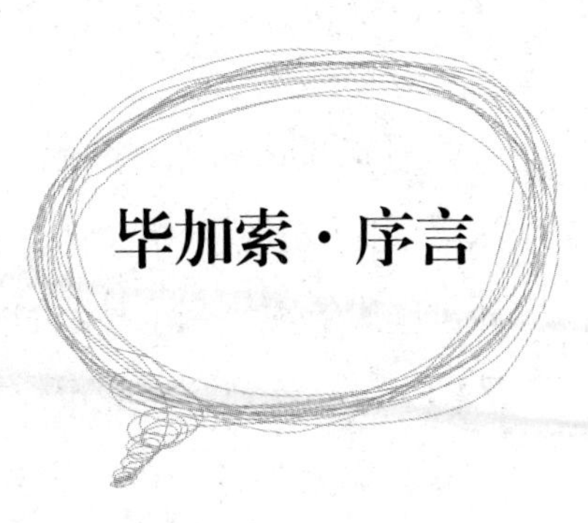

毕加索·序言

每个人对周遭的事物都会有感受，有人用文字、有人用音乐、有人用色彩来记录，也有更多人用漠视来遗忘；而毕加索选择用艺术来诠释。

这个连拼音、算术都学不好的人，虽然不曾在课堂上好好听过课，却也不曾浪费自己的才华；他不时用眼看、用心想、用笔如实呈现内心的感受。

他在巴黎找到最适合自己的艺术环境，那里的人文思想让他年轻、善感又热情的生命有了抒发的管道。他深信艺术不应拘束在时间的框架里，一味承袭前人，就无法用自己的方式表达自己。因此，他虽具备深厚的传统素养，却又勇于打破一般人认为神圣不可侵犯的传统，不断地探索，开创出影响现代艺术甚巨的立体画派；甚至在陶瓷、蚀刻、雕塑、油毡浮雕等方面也都有杰出的表现。

毕加索关怀的对象如果只限于自己或自己身边的人，便不可能被称为当代最成功的艺术大师。他的成功不只因为技巧纯熟或勇于突破，更在于他能反映对社会底层的悲天悯人、对亲友的真挚、对同胞的使命感以及对暴政的控诉。透过艺术创作，他的心境得以升华，作品也得到观赏者的共鸣。

他曾告诉朋友："当你一败涂地时，别忘了，你还有你自己。你就是个太阳，你的肚子里有万丈光芒。其余的根本不算什么。"

或许正因为他的自信，才能让他孤独地、不停地燃烧自己，绽放出傲世的光芒。

编　者

目录

塞纳河畔

立体主义的建立

动荡的岁月

毕加索的情人

陶艺与海报

活力四射的晚年

童年岁月

TONGNIAN SUIYUE

他从小就以敬畏的心情看着父亲的笔。

天赋异禀

毫无疑问，毕加索堪称是二十世纪最伟大的艺术家之一，不论作品的数量，或艺术品的多样性，或艺术的创作水准及风格，都非常杰出。他不只绘画独步当代艺坛，还专精陶艺、雕刻、蚀刻、海报制作和舞台背景设计。一生都在打破传统，缔造经典。即使他不走上艺术的路，以他的才情，也很有可能成为革命家，或研发无数新产品的发明大王，因为他一心一意想追求的就是不断超越自己，摆脱既有的框架，引领风骚。

他虽然是一位天才，不过也非常努力，他认真投入工作的态度往往会使一般人汗颜。

出生地

“地灵人杰”，通常是形容一位杰出人物诞生地的用语。同样的，用在毕加索的身上，也非常恰当。

在我们详述毕加索多彩多姿的一生之前，让我们先神游他的故乡——西班牙的马拉加。马拉加是西班牙南部的一个港口，位于直布罗陀海峡东北方大约一百公里的地方，也是西班牙安德鲁斯沿岸的内华达山下的小镇，这里可以远眺地中海，可以看到非洲的阿特拉斯山。这座美丽而古老的城市，早在腓尼基时代就已经是当时地中海贸易的重要据点，曾经有不少西班牙人、腓尼基人、迦太基人、罗马人和阿拉伯人的祖先在这里世代营生，是人文荟萃的胜地。

由于地中海的西端从马拉加港开始变得狭窄，最后在直布罗陀收成一个小通道，因此马拉加自然成为直布罗陀以东的第一个重要港口，许多往来于地中海的船舶都在这里停泊，上岸做生意或补给船上用品。

马拉加城的北部，有安达卢西亚山脉作为屏障，冬季可以免受北方寒风的侵袭，是一个四季常青的好地方，即使冬季也阳光普照，深受欧洲旅客的青睐。

马拉加盛产葡萄，城里城外到处可见翠绿的葡萄园，也有很多亚热带的花草。站在绿荫宜人的海滨远眺无边无际的地中海，可以和对岸的摩洛哥遥遥相望。

马拉加的市中心有一个著名的玛尔塞德广场，许多鸽子在这里自在地享受游客和当地市民的喂食，有许多小孩在这里追逐嬉戏，那种悠然恬静的生活节奏，分外令人流连。

一八八一年十月二十五日的黄昏，有一位名叫萨尔瓦多·路易斯·布拉斯科的医生，匆匆穿过玛尔塞德广场，前往迎接一位天才画家的诞生。

就在当天的午夜，晚十一时十五分，毕加索出生在马拉加城内一间宽敞的白屋里。这个特殊的夜晚，屋内幽静安详，屋外星月交辉，美得让人心醉。

这个孩子的母亲当年二十六岁，名叫妮亚·玛利亚·毕加索·洛佩兹；父亲当年三十一岁，名叫荷西·路易斯·布拉斯科，是马拉加市圣台尔摩艺术学校的美术老师。

毕加索出生这一天，他的父亲实在抽不出时间到医院探望妻子，所以由弟弟萨尔瓦多·路易斯·布拉斯科医生前往产房照顾待产的嫂子。

虽然生产过程不太顺利，毕加索终究平安来到人间。当他的父亲获知头胎宝宝是个健康的男婴时，乐得合不拢嘴。这正是一年前他和太太新婚时的愿望。

毕加索出生后第三天，他的父亲就到马拉加市政局为他办理出生登记。由于孩子在当地圣地亚哥教堂受洗，圣名很长，因此，登记在市政局资料上的名字就成了：巴布罗·狄耶哥·若瑟·佛朗西斯科·德·保拉·璜·尼波木切诺·玛利亚·德·罗斯·雷米迪阿斯·西伯里安诺·德·拉·山迪西马·崔尼达德。这一长串的名字里面，包含了父亲、教父、教母的家姓。这是当地的宗教习俗，马拉加人认为取的名字越长，得到的祝福也越多。由于他父亲发现自己的姓在西班牙实在太普遍了，所以又在孩子的名字上，加上母亲的姓——毕加索。从此这个孩子的名字就叫作：巴布罗·路易斯·毕加索。这是按照西班牙习俗而取的名字，从父母的名字中各取一个来命名。

启动绘画天分的触媒

毕加索老家门前就是玛尔塞德广场，这里有很多梧桐树，成群的鸽子筑巢嬉戏，他的父亲总是兴致盎然地让这些活泼的鸽子一一入画。

毕加索小时候就喜欢看鸽子在梧桐树下飞来飞去，向游客讨食物，所以鸽子可以算作他最早的玩伴。还不会说话，也不会走路的毕加索，就会发出“piz! piz!(笔)”的声音，要家人给他一支笔。是否他那时就有了想拿笔作画的渴望?

最先发现毕加索艺术天分的是他的父亲。有一天晚上，他父亲出门前，特意将一幅未完成的静物留下来让毕加索完成。回家后，他发现毕加索将鸽子画入画中，神态十分生动活泼。他深受感动，便将自己的调色盘、画笔和颜料全交给毕加索，因为他相信毕加索的天赋远远超越自己，他愿意让孩子继承他的绘画事业。

毕加索从父亲的手中接受调色盘、画笔和颜料的动作，就好比一些西班牙男孩从父亲手中取得“执剑斗牛士”的头衔一样，它不只意味着父亲要退出画坛，同时也等于肯定了儿子的才华，对儿子有深情的期许，有慧眼识英雄的信任，还有一份为人父亲的骄傲。

父子共同的嗜好

毕加索十岁以前一直住在马拉加，虽然家境不富裕，生活却很惬意。父亲荷西·路易斯在城里的艺术学校当美术老师，同时担任当地博物馆的馆长。他在博物馆的工作，就是修补毁损的画作，他的手艺精湛，非常适合这份差事。此外，他平时也画画，休闲时喜欢看斗牛竞技。

毕加索稍稍懂事时，父亲就经常带他去看斗牛，父子俩都非常热爱斗牛场上沸腾兴奋的气氛，他们专注地看着公牛野性大发；鲜血从亮似黑绒的牛背喷出时，就忘情地跟着其他观众一起欢呼。斗牛士昂然挺立的英姿，常让他们赞叹不已。这些狂热忘我的景象非常吸引小毕加索，终其一生，斗牛的场景不时出现在他的创作中。

举家迁居拉科鲁尼亚

一八九一年，马拉加当地的博物馆决定关闭，由于他们本不富裕，父亲一旦没有工作，生计马上捉襟见肘。不过路易斯很快在拉科鲁尼亚谋得一份教职，于是，他们举家迁往这个位于西班牙北部、大西洋沿岸的城市。这时，父亲才发现毕加索几乎目不识丁。

“你怎么连这么简单的字都不认得？”

毕加索支吾了一下，说：“可是我会写啊！”

原来他真正有兴趣的只是老师在黑板上书写的字形，至于那个字代表什么意义，他完全不懂。每天上课，他把课本搁一旁，便自顾自地画着野牛或鸽子。有时盯着窗外发呆，直到老师喊他，他才如梦初醒地转过头。

他不是个爱读书的学生，坐到教室里的第一件事就是盯着时钟等下课。外面的世界着实比教室里头生动有趣多了。他渴望被释放，可是通常他并不会捣蛋，只静静地做自己想做的事。或许因为他从不干扰别人，因此就算有时站起来，在教室里走来走去，大家也习以为常。

小毕加索不识字，也不会算术，这样的事在他的家乡马拉加似乎没什么关系，因为老师亲友们都可以通融这个特别的孩子。然而，要在拉科鲁尼亚的学校入学，就得通过当地的入学考试，至少也得提出一张入学鉴定书才行。这时以毕加索的基本学力，根本不可能通过新学校的入学考试，除了绘画，其他科目他一概不会。

“这可怎么办呢？”他父亲焦急地问着。

苦思之下，好不容易想出一位能开具入学鉴定书的朋友。

他父亲去找那位朋友，那位朋友告诉他：“没有问题，不过形式上还是得考一考。”

毕加索就这样取得考试资格。考试当天，主考官问了他许多问题，他一道题也解不出来。主考官以为他太紧张了，便问他一道数学加法题，并告诉他：“你慢慢算，不用急。”

毕加索盯着那些数字，根本弄不清楚它们的意义。主考官只好把答案写在一张纸上，顺手放在显眼的地方。毕加索默记了那些字形，再把它们一个个填在答案纸上。在这位朋友的通融和护航下，毕加索终于拿到了入学鉴定书。他们一家就在那年的夏末秋初离开了故乡马拉加。

那时正值葡萄成熟、甘蔗高壮的季节，阳光照在他们打包的行李上，让他们的心情特别畅快。没想到抵达拉科鲁尼亚的时候，天气一下子变得很糟，不仅时常风雨交加，即使无风无雨时，也是灰雾蒙蒙；偶尔太阳露一下脸，还会把被风浪冲上岸的海草晒得发霉，招来成群嗡嗡响的苍蝇……

毕加索对这一切感到新鲜好奇，但最让他惊讶的是，街上的人竟说着不同的方言。这是他第一次有孤立、困惑的感觉。

面对不同的文化，他只好缩在自家二楼，看着外面的雨打着窗户。这座城市只有马拉加的三分之一大，除了海港、沙滩和岩岸，就是杂乱的房舍，其中稍稍吸引毕加索的，只有城中的斗牛场和一座被称作“英雄之塔”的罗马式灯塔。还好毕加索可以用画笔描绘灯塔和拉科鲁尼亚的景色，才稍稍化解了他的寂寞。

搬到拉科鲁尼亚之后，毕加索开始上文法学校，也就是接受如何使用优雅工整的方式写文章的教育。第二年，上课之余，他还到父亲任教的贝亚斯艺术学院注册上课。

他想和马拉加的亲戚联络，却又不喜欢写信，因此发明了一种最便捷的方法，那就是自创一份《拉科鲁尼亚小报》。他运用绘画的方式，将每周的生活点滴画在小报上，加上一些小小的报道和注解，譬如：

“最近北风开始吹了，吹得本地寸草不留。”或：“最近开始下雨，我看夏天结束前是不会停止的。”

有时，他也会画些幽默的图画寄给故乡的亲友，譬如：

“老师：‘人家给你五个瓜，你吃掉四个，还剩下多少？’

“学生：‘一个瓜。’

“老师：‘你确定吗？’

“学生：‘还有肚子痛。’”

第一位艺术老师

毕加索一家人在拉科鲁尼亚生活的四年里，他的父亲并不得志，少有心情作画，只把心力放在毕加索身上。他先教毕加索使用笔墨、炭条、蜡笔和粉笔的技巧，不久又教毕加索油画和水彩，同时还不断训练毕加索精确的素描功夫。毕加索从父亲那里接受非常严格的学院派训练，他父亲要求他绝对服从并刻苦修习，毕加索也确确实实地接受这些规范，因此在课堂上的雕像素描总是让人惊叹不已，不只技巧好，更能让冰冷的雕像绽放生命力。对大多数人而言，素描是枯燥无味的，毕加索却愉快地浸淫其中。

十四岁的画家

在拉科鲁尼亚这一段时间，毕加索的课余作品很多。他在一八九二年到一八九三年间，开始油画习作，一八九三年底，他的技巧娴熟了，可以在画布上挥洒自如；到了一八九四年，便完成了一张男士的头像，整幅画充满光彩，生气勃发，呈现了最佳的西班牙写实风格，完全没有童稚的感觉。以后，他又画了一些头像以及一些穷苦的老人。他充分表现下层社会那些人的痛苦、无知和绝望，画面自然而且不造作。其中他自己最满意的两幅是《赤脚的女孩》和《乞丐》，都是在一八九五年完成的。这时他已经可以算是技巧成熟的艺术家了。

毕加索的画技进步神速，不只能掌握作画的工具，更能掌握画意的表达。他父亲看到他这两幅画后，也坦然接受了青出于蓝而胜于蓝和长江后浪推前浪的事实，从此不再提笔作画。

毕加索的小妹妹因患白喉过世，让最疼爱她的父亲深受打击，拉科鲁尼亚下个没完没了的雨也增添了阴郁的气氛。

这时，他父亲过去的一位助手，也就是当时在巴塞罗那一所著名艺术学院任教的加西亚，一心想回故乡加里西亚，因此向他父亲提议交换教职。他父亲毫不犹疑地答应了。于是，他们全家又可以重回阳光普照、风光明媚的地中海城市巴塞罗那。

离开拉科鲁尼亚

一八九五年的夏天，毕加索一家人离开拉科鲁尼亚，在前往父亲新职所在地前，他们先折返故乡马拉加。阔别多年的乡亲好友热情地欢迎他们，熟悉的乡音、熟悉的美食让他们无比欢欣。

毕加索在快乐的假期中还特地为当年的老女仆卡门作画，他将这位女仆的袖子画成高高卷起，仿佛昔日强拉着他上学的情景再现。夏日将结束时，他们在乡亲的祝福声中，踏上前往巴塞罗那的旅程。

巴塞罗那

BASAILUONA

他的天分不曾被早熟的技巧扼杀，因此能好好地留存下来。

充满朝气的城市

毕加索一家人再度北上。九月的海面十分平静，毕加索在旅途中也不忘作画。三天航行之后，巴塞罗那到了。这是个繁忙的港口，两侧尽是高大的建筑物。毕加索一走上码头就发现周遭的语言跟马拉加、拉科鲁尼亚不一样。巴塞罗那人说的方言，他一个字也听不懂。

一八九五年的巴塞罗那已经是一个完全现代化的城市，在一百万的市民中，四分之三是受天主教教会及封建社会钳制的贫穷劳工阶层。它是西班牙的第一大商港，同时也是纺织、化学和造船工业的重镇。

巴塞罗那人有他们独特的生活习惯，跟马拉加、拉科鲁尼亚或其他西班牙城市完全不一样。这与它所处的地理位置关系密切，因为巴塞罗那东北方三百公里处，就是法国著名的马赛港。如果从陆路行走，往北一百公里也就是法国和安道尔的国界了。

位居如此特殊的地理要冲，让巴塞罗那很早就成为著名的旅游胜地，深深吸引着欧洲各地的游客。在巴塞罗那街上，外国人熙熙攘攘，充满国际色彩，因而比其他的西班牙城市更开放、更国际化。

毕加索一家到巴塞罗那定居时，这里正如火如荼地掀起“现代主义”浪潮。不少酒馆、咖啡屋或是饭店都可以听到现代主义者以高亢的声调，谈论社会与艺术的议题。他们否定传统，企图打破一切束缚艺文创作的形式和格律。对现实不满，又找不出解决的办法，于是，很自然地接受无政府主义，以我行我素来表达对传统的否定。

在这群现代主义者当中，十九世纪兴起于法国的印象派艺术也是其中之一。一八七四年，印象派画家在巴黎举行了第一次画展。当时的灵魂人物莫奈展出《日出印象》一画，“印象派”从此得名。

印象派画家

印象派画家非常重视自然界色彩的丰富变化，他们认为物体本身并无固定颜色，只是光波在物体表面波动程度不同而已，因此他们强调瞬间的印象，并将光和色作为追求目标。

同时，巴塞罗那的现代主义者还鼓吹象征主义的创作路线，这些艺文界人士认为现实世界是虚幻的、痛苦的，另一个世界才是真实的、美丽的；艺术的目的乃在于与“另一世界”沟通。他们用晦涩难解的艺术手法，刺激感官的知觉，产生恍惚迷离的神秘气氛，形成一种“意象”——即所谓的“象征”。这种艺术的象征，就是沟通两个世界的媒介。

当时，西班牙画家圣地亚哥·鲁西诺就是巴塞罗那现代主义的领袖人物，他经常长发披肩、蓄着络腮胡，慷慨激昂地鼓吹现代主义、象征手法，神情就像先知一般。毕加索虽然只有十四岁，也深受这个城市开放的思潮以及浓厚的现代主义气氛吸引。

巴塞罗那和法国距离很近，艺文圈里到处可见法国人的身影，有些加泰罗尼亚省的人也会跑到法国，彼此交流十分密切。这里的种族繁多，生命力旺盛，充满了自由的气息。不久，毕加索就爱上了这座城市。

这时期，毕加索的父亲任教于回廊美术学院，这所学院一向以严守传统著称，学生们大都安分地临摹石膏塑像，所学尽是古典艺术。以当时毕加索的年龄，他是不能报考的，但是在他父亲的坚持下，学校打破惯例，让他参加入学考试。

一试成名

当年毕加索入学应试的科目，包括古典艺术、静物、油画和人体素描。当他将完成的作品交给甄试委员时，每位委员都十分惊讶。毕加索不但在一天之内完成一个月期限的作品，而且技法娴熟、构图精准，甚至比高年级学生在期末考所交的作品还要好，所以老师们公认他是可造之材。

毕加索轻易通过回廊美术学院的入学许可，据后来他的赞助者格楚迪·史汀表示："他是真正的大师级人物，他从小就会绘画，而且画作完全没有孩子气，他的作品完全是天才画家的杰作。"

研究毕加索的专家们也指出，毕加索小时候的画作就像成人的作品，长大后的画作反而不经意地流露赤子之心。这也难怪保罗·依鲁德于一九五〇年在一场演讲中，一再赞扬他说："毕加索是当今世界上最年轻的画家，今天即将年满七十岁。"

毕加索虽然进入回廊美术学院就读，却不喜欢被关在校园里，他认为学校讲授的都是多余的，他难以忍受那些枯燥的内容，于是大半时间都耗在户外的写生活动上。有好几次，他将自己的人物写生送给校长安东尼奥·卡巴，连这位擅长人物画的校长都赞叹不已，深以有这样的学生为荣。

这期间，毕加索住在家里，定时上课，努力作画，经常在巴塞罗那的城里各个景点写生，他最喜欢在丘达德拉公园作画。画册上画满街景、马、猫、狗、娼妓、无政府主义者的聚会、开赴战场的士兵。在家里，他也为家人画油画和素描。这时期的画作，就足够开一次盛大的个人画展。这时，他比较著名的画作是《戴假发的自画像》，是在一九〇一年完成的，现仍典藏于巴塞罗那博物馆。此外，他也画过一位打着洋伞的夫人站在草坪上，神情专注地凝视着湖上的天鹅，而湖的四周绿荫成林。

在回廊美术学院求学时，毕加索结识同班同学曼纽尔·巴拉亥斯。他们很快就成为至交，无话不谈。毕加索不写生时，也经常到巴拉亥斯的画室，他们一起作画，讨论彼此的作品，相互勉励，力求进步。巴拉亥斯也经常到毕加索家做客。

巴拉亥斯比毕加索大五岁，常常以成熟、老练的作风影响毕加索，对毕加索急躁好动的个性也颇有牵制作用。他谈到早年的毕加索时说："他的个性强烈，非常有感染力，是走在时代前端的人。"还说，"他可以很快掌握任何事物的症结，对于教授所说的内容马上心领神会。"此外也盛赞毕加索记忆超强，只是容易激动。有时他可以连续工作好几个小时不说一句话，有时却会暴跳如雷；有时看起来又好像在思索着某件悲伤的事情，脸上布满乌云，眼神阴沉，表现得有些沉闷。巴拉亥斯也指出："十四岁的毕加索，活动力和工作量显然已经不像同年龄的孩子，他非常早熟。"

在一八九六年至一八九七年之间的学生岁月，毕加索感受到回廊美术学院的课程远远无法满足他的需求。

他开始着手父亲设计的几幅大的油画作品，其中《唱诗班的男童》《第一次圣餐》《科学与仁慈》，都非常精彩。

《第一次圣餐》在一八九六年四月于巴塞罗那市的美展展出。这一次美展同时也展出其他许多巴塞罗那名家的作品，包括圣地亚哥·鲁西诺、马斯·方德维拉、拉蒙·卡沙斯等人的作品。当地的美术评论家米谷尔·巴地亚在《巴塞罗那日报》撰文评论毕加索的作品，指出："画中人物富有感情，线条明快。"

《唱诗班的男童》目前已不知流落何方，《科学与仁慈》则是在他父亲指导下有了极为杰出的表现。

在一八九七年马德里美展获奖的《科学与仁慈》，充分表现了当时最流行的印象派画风。题材本身显现了现代主义的社会观，也就是呈现悲悯、忧虑和对未来的不确定感。这幅画以棕色、赭色和土色为主调，与此相对应的则是紫红色、淡紫色、白色和黄绿色。画中患病的母亲躺在床上，老医生专心地帮她量脉搏。这名生病的母亲脸孔憔悴，失神的眼睛盯着被修女抱在怀里的孩子，伟大的母爱显露无遗。

毕加索非常重视这幅画，因为它呈现了当代的精神，同时也是他迈向优秀画家的首要指标作品。

这一时期，毕加索的风景画也达到一定的水准，画面非常和谐、清新，将印象派的清淡色调表现得淋漓尽致；不过，此后他再也没有画过这一类的作品。

他同时进行着学校的课业以及自己的尝试，绘画簿上仍然有着与前一年相同的主题写生，但笔触更有信心，线条也更简化；虽然还称不上是破除传统的先锋，创新的方式却令人不敢小看。

一八九七年秋天，毕加索十六岁，他强烈地觉得必须脱离身边的所有影响，包括学校、学院派的作风以及经常来画室探视的父亲。

当年十月，他在叔叔沙伐多的资助下，只身前往西班牙首都马德里，参加马德里皇家艺术学院的入学考试。由于他的作品《科学与仁慈》在马德里美展获奖，以及考试时，在很短的时间内就画出出类拔萃的素描，而一试成功，以十六岁的年龄，轻骑过关，进入全西班牙最好的美术学院。这时西班牙画坛也开始留意毕加索这号人物了。

不过，顺利进入马德里皇家艺术学院之后没多久，毕加索就发现它和回廊美术学院没什么不同。他很快就不想进教室听课了，因为老师说的他早已了然于胸。他最喜欢的还是在画室内作画。他觉得这样可以看到很多的新事物，也可以结交新朋友。

他认为生活提供了艺术创作永不枯竭的动力，艺术如果脱离生活，也必将失去光彩，所以，除了在画室作画之外，他也花很多时间在马德里普拉多美术馆欣赏名家的作品，并从作品中吸取养分，培养个人的创作灵感。

毕加索清楚地记得父亲曾经带他参观过这座著名的美术馆，还详细说明各家的画风、使用的技巧以及对作品的评价。不同的是，这时他已经可以独立学习观画，深入地鉴赏，甚至还可以提出个人见解。

从当时他写给朋友的书信看来，他是将普拉多美术馆看作比皇家艺术学院更重要、更值得学习的场所，他可以如数家珍般道出各个画家的特色与优点。

在马德里求学的阶段，他无畏于当地苦寒的冬天，依然经常造访普拉多美术馆。天气转暖时，他就到户外写生。短短几个月的时间，他就完成五本马德里街景的写生画册。

毕加索不断地变化个人的画风和技巧，也反映出不同的作画题材。这期间的写生内容很多，譬如：街景、路人、家庭、店家、卖艺人、斗殴的闹事者……从这些画作中，人们可以看到十九世纪末，马德里民生凋敝的悲惨景象。

毕加索工作很勤奋，却不常在学校中露面，他的叔叔得知这个消息，便断绝了对他的经济援助。幸亏他父亲深深了解儿子的作

风，对儿子的表现也一向有信心，所以仍继续为他筹足生活费。

在这期间，美国为了确保在南美洲和亚洲太平洋地区的霸权，因此将目标指向当时国势最弱的殖民国家——西班牙。一八九八年四月，美国对西班牙宣战，积极夺取西班牙的殖民地——古巴和菲律宾。美西战争历时三个月，西班牙大败。

在美西战争爆发前夕，毕加索病了。凛冽的冬风从瓜达拉马山脉吹来，连当地人都快受不了，更何况是晒惯地中海太阳的毕加索？他发烧、喉咙痛、舌头肿、全身起红斑点——他得了典型的猩红热。在当时，这种病是无药可救的，然而毕加索靠着强韧的生命力，在床上躺了几个月后，又活过来了。精神稍稍好转，他便蹒跚地走出房间，去参加圣安东尼奥节庆。像他这样一个注重生活的人，岂肯错失一分一秒的欢乐！

在荷尔达村

一八九八年六月，毕加索搭长途火车回巴塞罗那。家乡的食物和温暖的人情味，很快就恢复了他强健的体魄。一个星期后他应邀去好友巴拉亥斯的家乡度假。巴拉亥斯居住的荷尔达，是个只有三千多人的小镇，风景优美，民风淳朴。他们在山上找到一处幽静的洞穴，造了防风墙，将它当作画室。作画之余，他们悠闲地采草莓、摘薰衣草，到村民家串门子，或徜徉在大自然的怀抱里。

这年夏天非常炎热，山洞里却格外清凉。山中清冽的空气为他们提供了丰富的创作灵感。毕加索画了不少田园风光、动物、山水、月亮、榨油机，等等。

一直到九月，毕加索才依依不舍地离开。

荷尔达村的乡居体验，是毕加索生命中相当重要的一环。他不只学会了刷马、使用镰刀、制酒、榨油，采收玉米、葡萄、橄榄，以及剪羊毛、杀猪、挤牛奶等，还学习了当地的卡达浪方言；更重要的是他在此地对生命的本质有了更深刻的体认，对世界也有了更广阔的认识。

在这几个月的乡居生活中，毕加索留下许多珍贵的作品，包括几幅山羊和绵羊的画。他对这些动物的姿态、动作都充分掌握。此时，他下笔更有把握，对画质的要求也更严格；物体明暗的处理和轮廓的描绘方式也更深入，并更加收放自如了。

四只猫咖啡屋

一八九六年，巴塞罗那中国城附近，有一位巴黎迷，因为太想念巴黎蒙马特著名的“黑猫咖啡屋”，所以就模仿它的格局，在巴塞罗那开了一家“四只猫咖啡屋”。在这里进出的人有作家、诗人、雕塑家、记者、评论家等，三教九流无所不包。每个人的嗜好、特长各不相同，但都有个共同的特点，就是醉心于现代主义，并爱好自己的语言。毕加索既已学会了卡达浪方言，又曾认识其中几个人，因此很快就被接纳了。他们一起探讨创作的路线，争论各种艺术手法，有时也批评时政，海阔天空地闲聊，直到天亮才散去。

毕加索虽然加入“四只猫俱乐部”，不过他并不像其他成员那样急着想出名。他只是奋力工作，好像有用不完的精力。

“四只猫咖啡屋”的地下长廊经常举办小型的展览。一九〇〇年二月一日，毕加索的一百五十幅素描就挂在这里展出。作品内容大部分是经常出现在咖啡屋的画家、诗人、音乐家的速写。因此，经常戴着大黑帽、打宽领带、穿上短背心，配上灯笼裤和深色外套的毕加索，很快就成为这个小团体的灵魂人物。

毕加索的个性刚烈，是非清楚，爱憎分明，没有灰色地带。他的父亲对他整天泡在“四只猫咖啡屋”显然并不赞同。父亲不希望儿子成天和现代主义者混在一起。父子的思想逐渐出现分歧，毕加索索性在外租了一间房间当画室，并和一些工人交上朋友。

在这个小画室里，他也结识了一个重要的朋友——年轻的诗人、作家沙巴提斯。沙巴提斯被一个雕刻家带到毕加索的画室里时，画室墙上靠着的正是那幅《科学与仁慈》和一幅他在荷尔达村画的《亚拉冈人的习俗》，毕加索正忙着画油画，四周堆满速写簿。

沙巴提斯从毕加索锐利的眼神中看到坚持与力量。他们简短地聊了一阵，在道别时，沙巴提斯向毕加索深深鞠了一个躬；这也奠定了他们往后深挚的情谊基础。

毕加索书读得不多，但对事物的看法很敏锐，心念也动得特别快。大篇幅的文章他是不耐烦看的，诗就不同了，因为它和画或雕刻一样，可以在瞬间浓缩某样事物的本质，因此他读诗，也喜欢诗人。

不久，毕加索搬到一间位于顶楼、没有装潢但照明良好的工作室。他的室友是美国驻巴塞罗那军事顾问的儿子——长相怪异的卡洛斯·卡萨杰马斯。屋里没有家具，他们全用画添置，墙上满是桌子、椅子、柜子、沙发、保险柜，甚至还有女佣和仆人，这也是艺术家聊以自慰最好的方法吧！

毕加索在巴塞罗那学到很多，但他又逐渐厌烦了，尤其在看过报纸上对法国的介绍后，他的心早就飞了。有时他会无端地从一群谈天的朋友中站起来，走出酒馆；像他这样富有生命力的人，岂能继续过着颓废的生活呢？

一九〇〇年世界博览会在巴黎举办，有些人到巴黎去参观博览会，有些人就在那里定居下来。这一年毕加索和家人的关系也获得改善，在父亲的首肯和母亲的积极协助下，他果然和卡萨杰马斯搭上火车，直奔巴黎。

塞纳河畔

SAINA HEPAN

艺术如果脱离生活，也必将失去光彩。

活跃的艺术气息

巴黎是花都，充满形形色色异于其他城市的气息，从都市的设计和特殊建筑，到风情万种的巴黎仕女打扮，以及丰富的学术、艺文活动，凡此种种都独步当代的欧洲大陆。

以凯旋门为中心，八条壮观的通衢大道呈放射状分布出去，其中香榭大道的风情尤其迷人。此外，塞纳河左岸鳞次栉比的咖啡屋、号称当代艺术殿堂的罗浮宫、矗立在蒙马特山丘的白色圣母院，以及附近的蒙马特艺术村，都是当地艺文人士流连的地方。

一九〇〇年秋天，毕加索的父母送他到车站，倾囊资助，买了车票让毕加索奔赴前程。多年后毕加索才知道，这趟旅费开销让他父母口袋里所剩无几，一直到月底，他们的家计才慢慢平衡过来。

从巴塞罗那开往巴黎的火车，冒着黑烟，在黎明时分穿越比利牛斯山脉，继续往北行进。火车终于到站了，他们背起画架、颜料盒、纸夹和行李，浑身灰扑扑地爬出三等车厢。一时之间，他们以为仍在西班牙，因为同车下来的人，有很多西班牙人和其他外地来的旅客和移民。等这些人慢慢离开月台后，他们一回神，才感受到真的来到巴黎了。

巴黎像巴塞罗那一样脏乱，但仍有它独特的风华、壮观与灵秀，这些特点让毕加索精神为之抖擞。

它的色彩丰富，到处都有炫目的海报，街上妇女的穿着也不像西班牙女人那样阴沉没有生气。

无所不在的马车嗒嗒声和粪便车、马尿、汽油混杂的怪味，最让毕加索觉得新奇，不过，他很快就适应了，他逛到塞纳河畔，漫步在香榭大道，也穿梭在大街小巷。

在四周尽是法国话的地方，毕加索这个异乡客一个字也听不懂，他只知道艺术家们都住在蒙特巴拿塞，那儿应该可以租到画室。就在前往蒙特巴拿塞的途中，他们遇到了一位朋友，他正打算回巴塞罗那，并愿意把他位于蒙马特的画室让给他们。毕加索和卡萨杰马斯当然不会拒绝这么慷慨的赠与，毫不迟疑地搬了过去。

毕加索爱上巴黎，除了有形的特殊建筑和美丽风光，更重要的是，巴黎有非常活跃的艺术圈。二十世纪初，巴黎、马德里和巴塞罗那之间的艺术水准高低悬殊。自古以来，欧洲人有一个偏见，总认为欧洲终止于比利牛斯山。事实上，西班牙远远落后于西欧各国，主要的原因，并不是大自然的高山屏障，而是西班牙本身的封建制度与中世纪教会的封闭思想，这些封建遗毒严重阻碍西班牙的艺文活动。

浪漫主义的影响

毕加索到达巴黎时，正是巴黎盛行浪漫主义之际。这一年，巴黎举行世界博览会，显示欧美的经济已经达到一定的水准。但是，毕加索看到繁华、腐败的巴黎，也看到贫穷、纯洁的巴黎。同一座城市两个截然不同的面貌冲击着他的内心。

在这样的文化气氛中，艺术界出现了颓废派，他们看到资本主义的不合理现象，于是对社会提出悲观的批判。在好友的影响下，毕加索的画风也慢慢沾染了“新艺术”，也就是在原有的现实主义和自然主义的创作基础上，掺入一些“颓废派”的元素。毕加索为这位朋友画了一张画，画中人穿着黑色大衣，身上披着玫瑰花，走在墓地里，“颓废”的气氛非常浓厚。

当时吐鲁斯·劳特瑞克可算是巴黎画坛新艺术的代表，因此，他的画很快吸引了毕加索的注意。劳特瑞克最擅长从特殊的角度抓住对象瞬间的动态，表现出它的节奏感，同时也吸取日本浮世绘的精华，独树一格。他描绘巴黎下层社会的生活，如马戏场、酒馆、妓女和舞女。这些人物活在狂歌、倦怠、郁闷、伤痛中，是生活在资本主义社会下层的苦难民众。

毕加索很喜欢劳特瑞克的画。他对巴黎的小市民深表同情，因此经常光顾小酒吧、低俗舞场、马戏班、小摊档、车站、港口等下层民众出入的公共场所。这些民众的生活百态也很快出现在毕加索的画作中。

虽然他这一次在巴黎只短暂停留三个月，收获却相当可观。他在世界博览会上看到自己的作品，当时有不少比他有名的西班牙画家并没有入选。

他的住处蒙马特位于塞纳河的北岸，是巴黎的贫民区，也是著名的风化区，到处都是残破拥挤的房子，这一带的酒馆、舞厅和妓院都是下层民众买醉、买春、排遣时间的好去处。这一带也是法国近代史发生最大浩劫的区域，即巴士底狱的所在，著名画家史太因林曾为这个事件作画，名为《巴士底狱万岁》《际歌之图》。毕加索每次看到史太因林的画，都会燃起满腔热血，他深深了解那些英雄为了让穷人翻身、获得自由而与当政者抗争奋战的热情。

《青年艺术》杂志

毕加索经常到罗浮宫博物馆观赏近百年来的法国名画，他如饥似渴地欣赏莫奈、塞尚的画，从中获得许多启发。

在巴黎，毕加索遇到来自巴塞罗那的画作经纪商裴德洛马纳克。裴德洛马纳克向毕加索表示，只要毕加索按照他的要求作画，愿意每个月支付他一百五十法郎。毕加索勉强接受这个条件。这不是一笔可以致富的钱，但至少有了固定的收入，可以让他三餐吃得饱，有烟抽，有房子住。

毕加索很喜欢走路，他常穿着厚重的大衣，迎着北风，带着写生簿从蒙马特山丘走出来，到处写生。

这一带虽是风化区，但也有宁静的郊外。两旁绿树蔽天的马路、宽阔的葡萄园和转动的风车，以及灌木丛生的野地，无不令他心动。

他也会走上繁忙的街道，看工人建造的石砌房屋，或听锯石匠一边工作一边唱歌，听街上摊贩叫卖，听着修玻璃匠、补桶匠招揽生意和推着锅炉大桶沿街叫问有没有人要洗热水澡的声音。

毕加索在巴黎所绘的第一幅画是《制饼干的风车磨坊》，这幅画将工人、舞女的深厚感情表达得淋漓尽致。风车磨坊附近住着许多毕加索熟识的劳工朋友，他们每天天未亮就开始辛勤工作，却仍然一贫如洗。这一幅画也使人联想起劳特瑞克的作品《红风车舞场》。红风车舞场就在风车磨坊附近。毕加索和劳特瑞克都画同一题材，显示他们的创作理念十分接近。

毕加索的《制饼干的风车磨坊》，迅速闻名于巴黎画坛。名收藏家阿瑟·幼克以二百五十法郎买下这幅画，并将它跟其他名画摆在一起。

一九〇〇年底，卡萨杰马斯因为失恋，情绪非常不稳，毕加索只好先带他回巴塞罗那和马拉加休养。毕加索的家人看到毕加索转眼变成大人的模样，都惊讶不已。他在巴黎短短三个月的逗留，留了长长的头发，艺术家的模样呼之欲出。

接下来的半年，毕加索和朋友弗兰西斯、德阿西斯、梭勒等人合办《青年艺术》杂志，他们希望通过杂志的发行，在马德里和巴塞罗那推动艺术革新的浪潮。毕加索担任这份杂志的美术编辑，经常在杂志上发表作品，而梭勒则鼓吹他个人颓废派的美学观点和无政府主义。这本杂志原本希望能获得西班牙艺文界的支持，可是不久财务就出现问题，因此只发行到第五期便无疾而终。

这段时间，毕加索的生活很艰苦，他在哲班诺街租了一间顶楼房间，里面只有一张行军床、一张桌子和一把椅子，到了晚上只能靠一支插在酒瓶里的蜡烛来作画。他不喝酒，但抽很多烟，伙食也十分简单，有时只灌些矿泉水。

他举办了一次画展，也得到美术评论杂志的好评，称说：

“毕加索忠实地画出了他所看到的东西，不论美或丑都能真实呈现。这位艺术家引起许多争议，但也因为他勇于打破既存的形象而赢得人们的尊敬。”

对一个未满二十岁的青年来说，这些话当然是充满鼓舞，然而毕加索并没有忘情地享受赞美，他甚至不去参加自己的画展。他不要穿得整整齐齐的，站在那里让陌生人问：“这幅画你想表现什么？”

跟巴黎比起来，马德里简直就像文化沙漠，他无暇理会这些无趣的追问。熬过了冬天，到了六月，毕加索决定放弃他寿终正寝的《青年艺术》回到巴黎。

旅法期间，他曾为几位妇女画人像，这时的画风显然受到法国画家德加的影响。德加在晚年倾向于印象派，擅长捕捉瞬间的动态感觉，表现动感的节奏。毕加索为女性作画时，也像德加一样，抓住女性的曲线美，揭示女性的性感，同时也影射巴黎、马德里那些西方大都会上流社会的放浪形骸和腐败堕落。毕加索这些仕女画像色彩对比鲜明匀称，华而不浮。这年六月，他在伏拉

德画廊展出这批画作，可是这些艺术水准和题材都是上选的作品，竟没有一件卖出去。这对毕加索真是一次沉重的打击，也让他感受到浮华世界的虚伪和荒谬。

蓝色时期

由于精心的创作引不起上流社会的注意，毕加索索性将精神集中在下层社会，决心用画笔反映社会底层的不幸。他用蓝色和其他的暗色来表达，画中人物大都面无表情、虚弱瘦小、形容枯槁。后来，人们将毕加索在一九〇一年至一九〇五年之间的作品统称为“蓝色时期”。翻开他的作品集，这一时期的作品《沙巴斯德与啤酒杯》《自画像》《招魂——卡萨杰马斯的葬礼》《拥抱者》《卖艺人一家和猴子》《生活》《熨衣服的女人》《穷人进餐》《杂技演员和小丑》《盲人进餐》《弹吉他的老人》《两兄弟》《男人画像》，每一幅都呈现出现代感和现实感，这无疑是二十世纪初期的平民生活写照，也是毕加索对非公义社会的控诉，以及对穷人的悲悯与关注。画中人物郁闷的表情、纤弱的身躯，并不是毕加索想象出来的，他在巴黎尝受到的人间凄苦和悲凉，无不一一投射在这些画作中。

其中《招魂——卡萨杰马斯的葬礼》一幅正是毕加索开启蓝色时期的作品。这张画作代表追念一段可贵的友情，同时，也代表迈出个人崭新的创作方向，大约有六年时间，他都以蓝色系列处理他的绘画题材。

好友卡萨杰马斯举枪自尽，与毕加索展现蓝色时期的画风大有关联。他们一起从巴塞罗那到巴黎寻梦，一起在蒙马特落脚。毕加索邂逅了奥莉维亚，卡萨杰马斯则爱上另一位模特儿哲曼妮。毕加索知道卡萨杰马斯有病，不希望他用情太深，便将哲曼妮介绍给另一位朋友。虽然哲曼妮离开卡萨杰马斯，但卡萨杰马斯对哲曼妮的爱已到了无法自拔的地步。这时，毕加索正忙着到罗浮宫、各大博物馆、美术馆欣赏名画，也无暇照顾好友。

到一九〇〇年十二月间，毕加索发现卡萨杰马斯显然无法在巴黎待下去，于是带着他回巴塞罗那和马拉加，希望那儿的环境和过新年的气氛能治好好友的相思病。

无奈昔日的亲友不愿意接纳他这位好友，他们只好投宿在小旅馆。他为好友所做的一切，也未收到预期的效果，卡萨杰马斯依然沉溺在酒中，最后竟不告而别，毕加索只好独自又回到巴黎。

卡萨杰马斯消失一段时间后，隔年也到了巴黎，他的健康状况显得稍微好一些。当年的二月十七日，他写信邀请朋友一起共进晚餐，包括前女友哲曼妮。酒过三巡，卡萨杰马斯变得十分焦躁，几近崩溃。等餐会快结束时，他站起来说话，一面伸手从口袋摸出

一把手枪。哲曼妮立时闪躲，子弹只擦伤她的后颈。接着，卡萨杰马斯举枪朝着自己的太阳穴开了一枪，不到一小时便毙命。

这件骇人听闻的事件发生时，毕加索正在马德里筹办《青年艺术》杂志。听到消息，他惊骇无比，可是，当场并没有激烈的反应。经过一段时间的酝酿，他才开始用画来表达对亡友的追忆。

颜色的象征

他画了很多卡萨杰马斯的画像，过世的、活的都有，《招魂——卡萨杰马斯的葬礼》则是一幅直式巨幅画作，画中有一匹马以及二十一个哀伤的人和死者。下方是一片哀伤的气氛笼罩着尸体，上方则是好友卡萨杰马斯的灵魂被一匹飞奔的白马载着穿过三个穿着长袜的裸身妓女带上天堂。为了表现对朋友无尽的伤痛，他将现实的感受与宗教故事结合，以白色象征死亡，在强烈象征结构下，以蓝色为主调强化哀伤的气氛。这也许是毕加索个人的内心写照，这种悲痛的颜色，与当时毕加索黯淡、郁闷的心境正好相呼应。

毕加索的蓝色时期，描绘的对象都是凄苦的一群，有乞丐，有疯子、盲人、寂寞的人、孤单的母亲或在小咖啡馆里分享着微薄食物的人，也有畏缩蹲伏着的人，或肩膀紧裹着围巾的女人、无助地相依相偎的情侣……

蓝色时期是毕加索正式往艺术发展的第一步，也是毕加索完成一种表现形式的时期。作品含有浓厚的文学意味，具有抒情的表达，是非常具有代表性的绘画时期。

卖艺人一家和猴子

粉红色时期

在巴黎，虽然毕加索花费很多时间作画，却不影响他的社交生活。来自西班牙的同乡沙巴提斯经常来造访他。

（这人日后还成为毕加索的秘书和传记作家。）

冬末，一个太阳被浓雾遮蔽的早晨，毕加索在车站等沙巴提斯，接他回住处。沙巴提斯看到一些色彩鲜艳的图画，一些色彩斑驳得像扑克牌一样的丑角，一些悲伤、孤独的人物，和卡萨杰马斯的画像，感到非常惊讶，完全无法和他在巴塞罗那认识的那个毕加索联想在一起。

“你觉得怎么样？”毕加索指着自己的画问。

“我会很快习惯它们的。”沙巴提斯回答。

沙巴提斯完全相信毕加索能走出一条属于自己的艺术路线。

毕加索也结识雅各伯，这人来自法国北方的布列塔尼，是一名诗人兼艺评家。他的象征主义美学和诗作最合毕加索的胃口，两人因此结为莫逆之交。不过最值得一提的是，他与奥莉维亚的邂逅。

一九〇四年四月，毕加索从巴塞罗那回巴黎，落脚在蒙马特的拉维南街的破房子里。这是一栋木头和铁皮搭建的五层楼房，屋顶上有许多烟囱，很像塞纳河上载着洗衣妇的船只，所以雅各伯就称它“洗濯船”。“洗濯船”里大半住着苦哈哈的画家、雕刻家、作家、菜贩、演员和洗衣妇。毕加索常穷得三餐不继，天气太冷时，就烧水取暖。

有一天，突然下起大雷雨，毕加索抱着一只小猫站在屋檐下看雨，路过的女子斐南迪·奥莉维亚刚好跑进来躲雨，两个人差点撞个满怀。

奥莉维亚一头披肩的红棕色秀发已经湿透，裙摆也湿得紧贴双腿，全身曲线玲珑，非常动人。抱着小猫的毕加索笑脸盈盈地盯着她，看得奥莉维亚脸都红了。

毕加索被奥莉维亚的美貌迷住了，奥莉维亚则被毕加索炯炯发光的眼神吸引。于是，毕加索将小猫交给奥莉维亚，并邀请她到画室参观。

奥莉维亚出身犹太家庭，父亲从事手工业。当年她二十三岁，已离婚。看过不少画室的她，却没看过像这间这样杂乱的。毕加索的画室里有很多麻布，又充满煤油味。煤油用来点灯，也用来调颜料。十几卷画布堆在墙边，完成的、未完成的画散放在地上；画架旁堆着各种颜料、大大小小的画笔，还有一堆瓶瓶罐罐、书本、干燥花以及稀奇古怪的东西……乱到简直让人无法想象。但这些正是他灵感的来源，若被外人挪动过，他那专属的秩序感就被破坏了，他创作的思绪也将随之混乱。

与毕加索同居六年的奥莉维亚，后来回忆当年的状况时透露："毕加索长得又小又黑，很结实、好动，而且经常在思索。他的双眼黝黑深邃，目光锐利，却不懂得打理自己，黑浓的头发总是盖着他充满智慧的前额。他的衣着像吉卜赛人，也像工人，长发垂肩披在外套衣领上。"在奥莉维亚的记忆中，毕加索和一帮西班牙好友相处得非常愉快，彼此都能容忍困窘的生活，画作卖不出去时，也能彼此分享食物。

毕加索和奥莉维亚认识没多久便住在一起，她虽然觉得那些蓝色的画作好像不太健康，不过却很喜欢。她崇拜毕加索的绘画天分，也同情他的艰难处境。

毕加索创作时需要独处，可是平时他也需要朋友。他非常喜爱诗歌，所以他有很多诗人朋友：才华横溢的阿波利奈尔和贾希、维勒德拉克、马克奥尔兰。他们经常在毕加索的画室里高谈阔论，偶尔也会花点小钱到幽静的餐馆用餐。有时则以画换取餐费（在狡兔餐馆的墙壁上，就有一幅毕加索的画作《狡兔餐馆》）。

毕加索喜欢在咖啡屋与朋友高谈阔论，也喜欢在街头或露天咖啡座与不期而遇的人聊天。不过，对于不懂画又爱问一些无聊问题的人就不客气了。有一次，有三名德国人向他请教美学理论，毕加索开了个玩笑，拿出一把枪，朝着天空鸣了三声，吓得那三名德国佬落荒而逃。

雕刻家杜里欧、雨奈和画家卡纳勒都是毕加索的好友。他们离开毕加索的画室时，总会顺手带走一两幅画，帮忙推销给一些收藏家。毕加索虽然需要生活费，却不愿与庸俗的人讨价还价。

这时，一些经济能力不错的收藏家，已经开始搜购毕加索的画作。一对来自美国的史丹福夫妇在参观画室时大为赞叹，一口气以八百法郎买下现场所有的作品。一九〇六年，画商弗拉尔又以两千法郎收购毕加索粉红色时期的大部分画作。毕加索的经济终于获得改善，可以安排旅游犒赏自己了；因为这两年他和奥莉维亚穷得一步也没有离开巴黎。

毕加索非常疼爱奥莉维亚，经常以她作为模特儿，至少帮她作画千次以上。他们穷得没钱买柴烧热水洗澡，工人送柴来，敲门准备收钱时，奥莉维亚便大声叫：“请把木柴放在门口，我在洗澡，没穿衣服，不能开门。”

他们采取拖延战术来筹措买柴、买炭的费用。虽然日子穷困，但毕加索知道奥莉维亚对香水情有独钟，所以只要赚了足够的钱，就会马上买一瓶香水送给她。

结识马蒂斯

一九〇二年，毕加索曾在画廊里与马蒂斯一同展出画作，但他们两人却从未谋面。有一次，史丹福夫妇带着马蒂斯和马蒂斯的女儿玛格丽特去拜访毕加索。

玛格丽特被毕加索养的一只圣伯纳狗飞卡吸引了，也对奥莉维亚的美丽和高大留下深刻印象。她看到奥莉维亚从糖罐里用手抓了一大把糖，把它撒在桌上比较不脏的地方时，两个眼睛睁得又圆又大。

等到马蒂斯和毕加索见面后，彼此也都有了惺惺相惜的好感。

那时的马蒂斯虽然很贫穷，却是个杰出的、引人争议的人物，因为他是野兽派（见注一）的领袖，其画作中那狂野的表现和鲜艳的色彩，在一九〇五年秋季沙龙展出时，掀起了一场风暴。

马蒂斯三十五岁，高大、英俊、学养佳，有礼貌又机智，是出身中产阶级的法国人；毕加索二十四岁，敏感又不脱孩子气，

踩球的少女

个性有些急躁。这两个人的特质相差很多，却能彼此欣赏。

此后马蒂斯介绍了许多收藏家给毕加索，让毕加索的画有了归属。他们明白被承认、被肯定、被推荐、被赞美本身就是价值的体现，不过也不否认金钱的价值。

爱情与友情的温暖一扫毕加索的阴郁，欢愉的心情跃然纸上。以前无所不在的蓝色，逐渐转为温暖的淡紫、灰红、粉红色，给人一种畅快雅致的感觉。

毕加索的蓝色时期结束了，逐步迈进“粉红色时期”。粉红色的作品主题，很多都是描写卖艺人和流浪人，所以也称作“杂耍时期”，以一九〇五年的《街头艺人》最为著名。

《街头艺人》的成员有六个，有人认为毕加索用这幅画描写了他们那一帮朋友：穿小丑服的是毕加索自己，大肚子小丑则影射诗人阿波利奈尔，独坐一方的女子是奥莉维亚，两名杂耍人是萨尔门和雅各伯。这幅画散发着法国传统的古典风格，可见出生于西班牙的毕加索显然已经吸收了法国的艺术精髓。

毕加索的粉红色时期并不长，大约只维持六至九个月，因此，可与蓝色时期一起看待，代表了毕加索的初期艺术成就。

注一：一九〇五年秋季，巴黎的沙龙展出马蒂斯、甫拉曼克、马尔克等艺术家的作品。其中，马尔克展出一件人头像铜雕，风格接近文艺复兴时期的大师杜纳德勒。有一位艺评家沃克塞尔参观该展览后，于《布拉斯报》撰文评论指出：“杜纳德勒被一群野兽包围了。”

于是，这群艺术家便被定名为“野兽派”，马蒂斯即是他们的领袖。

野兽派的画风，是运用有组织的颜色、彩度、无立体感、无远近变化、无透视原理的二度空间，取代传统的以素描、明暗变化的立体感、有远近变化、具透视原理的三度空间。

街头艺人

立体主义的建立

LITI ZHUYI DE JIANLI

绘画是一种不断尝试的过程。

黑人雕刻的影响

“艺术是骗术。”说这句话的人，不是别人，正是毕加索。他之所以这样主张，是因为他曾读过罗马作家普利尼写的一则故事。

普利尼写道，曾经有一位名叫吉伍克斯的画家，擅长工笔素描。有一次他画了一串新鲜的葡萄，因为太逼真了，一颗颗晶莹剔透、秀色可餐，居然引来小鸟拼命啄食。吉伍克斯的素描功夫使得幻想与现实隐微难分，所以毕加索才道出“艺术是骗术”的名言。但是要画出几可乱真的艺术“骗局”，也是需要高超的艺术技术，不是人人能达到的。

一九〇七年七月的某一天，毕加索独自在巴黎的特欧卡德罗广场闲逛，他走进广场西侧的人种博物馆参观。馆内陈列了很多黑人雕刻面具，这些木雕作品散发出的神秘力量大大地震撼了他。它们深刻传达了人类祖先恐惧、害怕、欣喜、狂欢等自然流露的情绪。

这就是毕加索正在寻找的直觉性创作。三十年后，毕加索曾经回忆这段不寻常的艺术邂逅，他说："对马蒂斯或狄伦来说，这些黑人面具只是一些木雕而已，我却觉得它们是魔法，可以抵御可怕的神鬼以及不可知的灵体。我一直注视着这些神器，忽然发觉我也一直在抗拒——抗拒未知的、敌对的东西，而任何事其实都是未知、对立的。不论女人、小孩、动物、抽烟、游戏……都一样。就在那一刻，我真正体悟黑人的雕刻对他们的意义和真正的用途。我了解他们为什么会刻成那样，而不是别样……因为这些雕刻是用来抵御神灵、使人独立的武器……你得先赋予神灵一个形象，才有办法摆脱她们。对待神灵如此，对待潜意识或情感也是如此。在那个四周环绕着沾满灰尘的面具、印第安玩偶和神像雕刻的博物馆里，我终于明白为什么我要当一位画家了。"

毕加索当时还发现了黑人雕刻有一套自成体系的艺术语言：长方形代表嘴巴，圆形代表眼睛，凹凸代表鼻子的造型。他第一次见到黑人雕刻后，又接连好几天前往观赏，经常一个人专注地观察。这些来自非洲和大洋洲的土著艺术，给了他很多艺术思想的启发。

一九〇七年年底，毕加索终于完成一幅巨型画作——《亚维侬姑娘》，它长二点四五米、宽二点三五米。为了这幅创作，他不知道画过几百张相关主题的素描。他把自己关在画室里，拼命修改，一再重画，长达数月，作画期间还严禁任何人进入他的画室。

现代艺术的开山创作

毕加索邀请好友来参观新作的那天，就在他打开画室大门的刹那，每个前来的人都大为震惊。过去，这些朋友对毕加索的画非常熟悉，要是有人误解或污蔑毕加索的画，他们会挺身而出，大力辩解。但是，这一次看到这幅巨型画作，他们呆住了，连一句赞美的话也说不出来；马蒂斯更是无法认同。

新结识的画家布拉格，不客气地直言："你是要我们吃下这块抹脚布，或是喝下煤灯油？"连平时最袒护毕加索的阿波利奈尔也大肆批评。

有人说："这根本是疯子的作品。"

有人戏谑："哈！好个有趣的四度空间。"

更有一位著名的艺评家不客气地建议毕加索干脆改行，去当媚俗漫画家算了。

毕加索的新作虽然面临如此无情的批判和讥讽，但他深信自己的能力，他把画收起来，不再与人分享。幸好有一位德裔收藏家康威勒极为赏识毕加索的才华，对这幅画作大为赞赏。毕加索终于找到伯乐，他们成为莫逆之交。日后，康威勒也成为二十世纪现代绘画市场的大画商。

自从文艺复兴以来，很多画家都喜欢以女性裸体作为绘画主题，他们运用高超的素描功夫进行逼真的写生，以呈现女性的曲线美。但毕加索却另辟蹊径，运用立体结构来呈现同一个主题，想借着这种新画风，颠覆过去的艺术观点。

《亚维侬姑娘》中圆脸的画法、有棱有角有色彩的影线、裸女脸上的阴影，就受到黑人雕塑及大洋洲艺术的影响，给人朴素、深沉的感觉。毕加索为了以更真实的形状来捕捉物象的构造，他把物象的形态分割成无数碎片，然后又将几个不同角度观察到的同一物体的构造安置在一个画面中，同时赋予画客观的形状和主观的感情。毕加索表示："要让形状和颜色凸显自己的重要性，作画时不仅要发现乐趣，也要等待不可预期的乐趣。作画本身必须就是乐趣的来源。"画者画出的形状和颜色可能是一般人忽视的。画者在作画时睁开了眼睛，也打开了心胸在观察一切。

在完成《亚维侬姑娘》的创作过程中，毕加索也完成了阶段性的转变，从感性到理性，从具体到抽象，从片面的描述到整体的观照，并进入更宽广的、如梦似幻的世界。这一切都是从现实的生活出发，因为亚维侬街上的确有很多妓院，那是毕加索最熟悉的故国乡情，所以这幅画仍保留着与现实的关系，使人觉得它不是神话世界，而是滚滚红尘的艺术升华。

尽管好友们大多数对毕加索的新画风抱持不同的看法，但这并未影响到他们的友谊。雅各伯、阿波利奈尔还是像往常一样，每天必到毕加索的画室小坐聊天。毕加索画完《亚维侬姑娘》之后，他的日常作息很快就恢复正常，白天作画，晚上招待访客或外出聚会，继续寻找创作的灵感。

毕加索这一幅巨型画作完成时并未命名，但它却是二十世纪最重要的艺术运动之一：象征着立体主义诞生了。这幅画是数年后才被命名为《亚维侬姑娘》的。

关于《亚维侬姑娘》的重要性，后来的艺术史学家认为："这是现代艺术的起点。"因为毕加索独具慧眼，这也成为有史以来，第一次有画家勇于对女性曲线美之临摹和写实说不，并且开创出一个崭新的绘画领域。

《亚维侬姑娘》的画作完成之后，毕加索继续创作《花瓶》《静物与骷髅》《女人头》和《披纱的裸女》，把立体主义的创作推向更完美、更有体系的境界。

亚维侬姑娘

开立体画派之先

对毕加索来说，立体主义就是他想使用的一种语言，它不比别的语言好，也不比别的语言差，只是最能表达他的思维罢了。

他说："立体主义不是种子，也不是胚胎，而是处理的形式。一个形状一旦被看到，它就拥有自己的生命，譬如一块矿物，它不是为了某种过渡目的而生成的，它会一直保持本色，因为它就是它……如果非要承认立体主义也是一种过渡艺术的话，我确定它演变出来的，仍然是另一种形式的立体主义。"

艺术被争论太多，反而很难有一个明确的定义，但它的确是有意义的。比方说，用违反学院派美感、超越一切既有的方式画了一只羊，却仍然能让无数观赏者感受到羊的生命力。越是开放，越是不受心灵桎梏约束的人，越能直接碰触到重点。这就像许多画商站在毕加索画的一幅肖像画前，研究它应该哪一边朝上摆放才正确的时候，旁边有个连话都讲不清楚的小孩看了一下，就会说：“哦，是弗拉尔先生。”

弗拉尔（一九一〇）

塞尚的影响

如果深入探索毕加索立体主义的启蒙源头，当然也可以从他景仰的艺坛大师塞尚的作品中找到一些蛛丝马迹。

毕加索开启立体主义的画风之后，慢慢也有其他的画家跟进，他刚认识不久的画家朋友布拉格回应最为积极。他们两人的个性完全不同，在绘画艺术上一直是良性的竞争对手。布拉格曾说："毕加索是西班牙人，而我是法国人。"言下之意，他比较冷静、理性、内敛，而毕加索则善变、任性、热情奔放。

布拉格也同样喜好塞尚的画。由于老画家过世不久，一九〇七年的艺坛重头戏，便是为塞尚举办一次盛大的回顾展，他们恭逢其盛。一九〇八年的夏天，他们一起结伴在法国各地旅游，共同寻找绘画的主题，并相约针对同样的主题用自己的方式表现。他们相互勉励，对彼此的作品提出真诚的批评，成果丰硕。

一九〇八年秋天，布拉格参加沙龙的秋季展，他推出六张小型风景画给沙龙，其中两张被退件。评审委员之一的马蒂斯，看了那些作品后，认为只是一些小立方体，不值一展。因为布拉格的新作不再强调色彩，只以许多几何图形来呈现形式的变化。

布拉格非常不高兴，索性将其他作品全部撤回。幸好毕加索的好友，同时也是当代大画商之一的康威勒，立刻在他的画廊替布拉格举办一次个展。这可说是立体主义绘画的首展。这个时候，毕加索的画作彩色也逐渐单纯，以绿色和褐色为基调，画出几何图形的人物和风景。

欣赏一九〇七年秋季的塞尚作品回顾展，让毕加索对这位伟大画家有更好的机会亲近学习。他发现他的心灵和塞尚非常接近。毕加索从不讳言他对塞尚的尊崇，他说："他是我唯一的老师，我花了许多时间研究他的作品。他可以说是我们这些人的导师，都是他在呵护着我们。"塞尚曾指出："绘画的本质是视觉，艺术的素材取决于我们眼睛的思考。"这句话深深影响着毕加索的创作思维。

如果深入研究毕加索，就可知道塞尚著名的《浴女图》也提供给毕加索一些发展立体主义画风的养分。塞尚早期虽受到印象派的影响，但他并不认为印象派是完美无缺的。他强调，印象派太重视光与色的瞬间印象，可能忽视了物体本身固有色彩的稳定性。

塞尚反复研究用色，追求质感，想借助色彩的配合，而不是依赖明暗效果来表现客体物象。他认为绘画的目的是形状、色彩、节奏、空间的探索。他想把印象派的优点和古典绘画的优点结合起来，形成新的画风。他著名的作品《缢死者之家》《玩纸牌的人》《自画像》都表现出他的绘画特点。这些作品在处理客体的结构和体积等方面，给毕加索很大的启发。

毕加索认为，画家在画画时，不仅必须表现出他画的那个物件的原形和原色，还应该表现出画家本身对这些形与色的感受。要将这两个因素做最好的调和与搭配，就是对画家的素养与天分的考验。

黑人雕刻之所以让毕加索如此着迷，最主要的就是这些作品对物象结构和形状，做了非常特殊的处理。毕加索想撷取他们的精髓，在画作中倾注他的全部感情和幻想。

罗梭的宴会

一九〇八年，毕加索在马泰尔街散步，一家旧货商店门口放了一大沓的画布，一个严肃的女士头像露在外面。

毕加索问老板："请问这张画要多少钱？"

老板说："这张画布只要五个法郎，你买回去可在上面作画。"

就这样毕加索以便宜的价钱买下了亨利·罗梭的一张画。当年罗梭六十四岁，留着灰胡子，个性内向，很容易脸红。他是个自学成功的画家，画作现今挂在罗浮宫里，可是在当时，却没有多少人赏识他的才华。毕加索是少数懂得欣赏他的人之一，为了鼓励他，决定替他举办一场宴会。

毕加索和奥莉维亚去借了许多陶器、玻璃杯、叉子、碗盘，又把买来的那张女士画像挂在许多非洲木刻之间，天花板上还挂了中国灯笼和彩色花环。一张长长的布条上写着"向罗梭致意"。

当天他们叫来外食和酒，邀来三十个客人。在欢呼声中，罗梭到达了，他盯着屋里的布置，露出腼腆的笑容。大家举杯敬罗梭，罗梭激动地喝了好几杯回敬。大伙尽情地欢唱，连毕加索家的大狗飞卡也乐得四处窜。一直到凌晨三点才散会。

事后罗梭写了一封文情并茂的信来感谢毕加索，说他度过了一生中最美好的时光。

这段时间是毕加索社交活动最活跃的时期，他虽然个子矮小，却具备拿破仑的气魄，在朋友中常成为瞩目的焦点。

重绘小镇风光

每年夏天一到，毕加索总想回西班牙吸取再出发的能量，以提升自己的创作力。

一九〇九年夏天，他和奥莉维亚回到阔别十一年的荷尔达度假。好友巴拉亥斯的故乡并没有多大的改变，夏天一到，依然烈日当空，酷热无比，风光也依旧明媚。可是，这次旧地重游，毕加索的绘画视野改变了，在他画布上的小镇风光全部变成立体图像。毕加索不再只是“复制”风景。他企图用最基本的图像来表达他对小镇的感受，自然景物在他眼里如同切割琢磨过的水晶、钻石般闪耀夺目。与塞尚大师说的“利用圆柱体、球体、圆锥体画出大自然之美”完全符合。

毕加索从荷尔达返回法国之后，带回很多立体派的新作品。画商弗拉尔为他的新画举行一次个展，虽然一般大众对立体主义的画作仍然很难接纳，可是毕加索的画却出奇地好卖，赏识他的人日益增多，俄国、德国和美国的收藏家对他尤其青睐。他终于能摆脱贫穷的窘境。

一九〇九年九月，他和奥莉维亚从破旧的“洗濯船”搬到克里希大道十一号的公寓。屋外一片绿意，屋内光线充足，有了这么好的居住条件，毕加索更加发奋作画。现在家里有了女佣，也增添一架钢琴和许多桃花心木家具，装潢彻底改变后，他们的生活方式也跟着大幅改变。唯一不变的是毕加索依然任性地收藏东西，随意乱放东西。没多久，他的新画室又塞得满满的了。里面有塞尚、马蒂斯、罗梭等人的画作，也有吉他、奇形怪状的杯子、残破地毡以及黑人雕刻等不搭调的东西。

一九一一年夏季，他和奥莉维亚没有回西班牙。这一年，他们选择在比利牛斯山脚下的赛瑞小镇度假，借住在朋友买下的一幢曾经是小修道院的大房子里。附近有小溪经过，村民大都务农，狭窄的街道旁遍植梧桐，绿树成荫，清爽宜人。因此，许多诗人、作家和艺文界朋友也慕名前来。

这群好友经常到一家叫“村舍”的酒馆去饮酒作乐。不过，毕加索得空时，还是会在大理石桌面上画画自娱。此后，连续三年，他每年都到赛瑞度假，但是，第三年，奥莉维亚不再来了，他们的关系触礁，奥莉维亚默默离开了毕加索。

一段新恋情

“村舍”酒馆是未来派艺术家聚集的地方。未来派画家主张艺术是动态的而非静态的。对他们来说，奔跑的马有十条腿，不是四条腿；他们甚至企图描绘声音和心情。毕加索很能接受这样的说法，他一向愿意看到人家用最适合自己的方法作画；不过未来派的画家对毕加索就没那样亲切了，他们常指控立体主义画家是学院派、开倒车。

未来派画家中有位年轻人欧派，很想结识毕加索，便请另一位画家马寇西斯介绍。也就是在这个时候，奥莉维亚决定跟随欧派，而毕加索也认识了马寇西斯的女朋友玛茜黎·韩伯特。正当他们双双高飞，留下马寇西斯独自怅然时，马寇西斯并没有表现出歇斯底里的样子，反而努力画了一张图，图里的毕加索背着铁链，而他自己则快乐地跳跃着。或许这正是画家的可爱及豁达处吧！

玛茜黎个子娇小，温驯有礼，端庄而自信，与奥莉维亚是完全不同的典型。毕加索非常喜欢她，常叫她“伊娃”，并在画她的作品上签上“我的爱”。快乐的心情让他的创作又有了新的方向。

失败的画展

毕加索的作品比较能让人理解了，也多了一些色彩，他同时把沙、锯屑和金属屑混入颜料中，还用一堆纸张、糨糊、碎木、石头，利用许多拼贴法造成“真实”的效果，创作过程中他充满欢乐。

九月，他回巴黎与一群立体派画家办了一次联展，却受到老一辈的巴黎人非议。

他们称那些作品：“就像小孩子胡乱搞出来的玩意儿，色彩不协调，无形无状，真看不出来是什么东西……这些人真是浪费生命又糟蹋画布。他们应该出去找些更适合他们的工作做。”

这些批评并没有打击到毕加索，因为他相信人们只会对有感受的东西才会产生如此强烈的反应，由此可见展出的作品还是有不可取代的价值。

动荡的岁月

DONGDANG DE SUIYUE

我试着更新写诗的形态，却又回到古典的框架中。

至亲过世

一九一三年春天，雅各伯和毕加索、伊娃同住在赛瑞小镇的大房子里。雅各伯常陶醉在繁花绿树中，有时和夜莺竞唱或听蛙鸣，有时在溪边顾影自怜。

毕加索可不像他那样敏感，他只埋头工作，就连他父亲过世的消息传来，也没回去奔丧。

想要在画中探讨毕加索的心境是有困难的，然而他父亲去世后，毕加索画作中消失多年的小丑又出现了，小丑一直是毕加索寂寞的象征。这回的小丑灰黄不清楚，或许正如他心情的写照吧！

在多变的世事中，他与雅各伯的感情倒越来越深厚。毕加索对宗教不屑一顾，雅各伯却对宗教着迷，一九一五年初，雅各伯受洗成为基督徒时，毕加索还当了他的教父。

这阵子，毕加索为他的教子作画——雅各伯穿着高领毛衣、背心、夹克坐在椅子上，头秃得像颗蛋，表情十分深沉。这张铅笔画一反立体画的作风，看起来就像学生时代的作品。他的朋友都很不解，只有他自己知道，他的父亲如果看到这张画，一定会赞赏。

这年秋天，伊娃病了，肺结核在当时几乎是绝症。毕加索花了许多时间往返于住家和医院间，不过稍稍有空，他还是不断地作画。他又画了小丑，也画了一幅对他而言极为罕见的宗教画——《耶稣受难图》。

一九一六年一月，他写信给他的朋友：

“我可怜的伊娃死了……我多么悲伤……她一直待我很好。”

强烈的孤独感让他想寻求朋友的安慰，却又想独自沉溺在思念中。他常在傍晚到酒店去，不说不笑地坐着，睁着大大的眼睛看着来往的人，对四周的谈话毫无兴趣。

不断的研究和实验

对画家而言，疗伤最好的方式莫过于作画。毕加索的立体主义绘画风格，引起国际收藏家的注意。他的画销路好，价格高，为他带来不少财富；但是他作画的精神并没有因此而改变。

当年，他刚到巴黎不久，他的好友卡萨杰马斯为情所困，举枪自杀，为此有一段时间他沉湎在忧郁的蓝色时期。后来与奥莉维亚邂逅，在爱情的滋润下，展开短暂的粉红色时期。不久，在看过黑人雕刻以及受到伟大艺术家塞尚的启发，又迅速转入立体主义。

毕加索开启人类重大的视觉革命，在创作《持曼陀铃的男子》《圣心堂》《男子头像》等解析立体主义画作之后，又继续探索立体主义的各种面向，从解析立体主义再发展到合成立体主义，像《壁炉旁的男子》《藤椅静物》都是合成立体主义的代表 作；艺术领域里隐藏的许多奥秘，都被他陆续揭开来了。

但是，毕加索在创新之余，并没有放弃包括传统画法在内的

雅各伯（一九一五）

其他画技和风格。他经常一面创作立体主义画作，一面临摹古典作品、创作超现实主义的作品，尤其在他父亲过世的这段时间更为明显。他会依据个人灵感和画商的要求，画出不同风格的画作。

毕加索的画的确灵活多变，他在短暂的立体主义时期之后，重新点燃对古典风格的热爱，积极投身古典作品的描绘，并赋予新的生命。

毕加索曾说：“绘画的过程，就是研究再研究，在不断的探索过程中，衍生出一套符合逻辑的发展。这也就是为什么我的作品是以连续号码和精确的作画时日来进行记录的原因。”

的确，毕加索并没有让自己局限在眼前的成就上，一九一七年他为热恋中的恋人——芭蕾舞者欧嘉作画，就明确地宣告回归古典画风。

画中的欧嘉神情宁静，悠闲地坐在绣花布椅上，右手搭在椅背上，手腕自然地垂下，左手轻轻持着西班牙折扇。和《亚维侬姑娘》相比，简直就像一朵莲花那样高贵、圣洁。那些视毕加索为古典美术之大敌的人士，在欣赏过这幅画后，前嫌尽释。

一九一八年，毕加索写信给诗人朋友阿波利奈尔：“我此刻正在写的诗作，一定非常接近你目前的想法。我试着更新写诗的形态，却又回到古典的框架中。”诗人阿波利奈尔是毕加索的终身诤友，他个人写诗的过程也经历同样的蜕变，在古典中吸取养分，并注入新风貌，因此两人总是惺惺相惜。

欧嘉（一九一七）

结识芭蕾舞星欧嘉

毕加索的创作有一个非常重要的特色，就是诚实地反映了生活态度和内心深处的情感。一九一七年二月至五月间，由诗人寇提和作曲家沙特共同合作的芭蕾舞剧《展览》，正准备在巴黎和巴塞罗那等地公演。迪亚吉列夫芭蕾舞团网罗了当时最负盛名的艺术精英，因此被誉为二十世纪初最卓越的古典芭蕾舞团。毕加索受邀为这出芭蕾舞剧设计舞台背景。要一名立体派画家去为舞台画布景，简直就是亵渎，雅各伯起初也十分反对，最后在寇提的游说下，只好放下基督徒应有的坚持，反过来说服毕加索。毕加索也就是在这个时候结识了迷人的芭蕾舞星欧嘉。

寇提的原始构想，剧情是关于一个中国术士、一些卖艺人和一个美国女孩在一家音乐厅表演的故事。在毕加索的建议下，他又增加了两个高大的巨人和一匹马。毕加索从来没看过芭蕾舞，却看过无以数计的马戏团，他有信心可以凭着既有的印象，建构出一个模型来。

他在两个巨人背后做了一栋单色的房子，给两个卖艺人穿上蓝色、白色及有星条旗花样的衣服，术士则穿着亮丽的橙黄衣服，上面有不对称的螺旋纹。巨大的幕布上，右边画着闲散的艺人，一名小丑坐在箱子上，一名西班牙人正在弹吉他；左边一匹长着翅膀的马在哺育小马，它背上一个有翅膀的女孩伸长手去抓长梯上的猴子。前方是一个卖艺人的球、一只睡着的狗、一面鼓和马戏团的其他杂物；整个画面大半都是红色和绿色，洋溢着欢乐的气氛。

这出舞台剧的剧情并不精彩，加上演出过程十分混乱，巴黎观众的普遍反应并不理想；不过在巴塞罗那演出期间，毕加索却受到昔日好友与亲戚的热情欢迎，在爱情、亲情两得意的情况下，他又在生活中找到无穷的乐趣。

芭蕾舞剧在巴黎受到挫败，毕加索并不懊恼。他深入观察观众的言行举止，以及人们的互动方式，照样能激发创作力。

就在舞团要前往南美表演时，欧嘉的俄国护照出了问题，无法随同前去，毕加索索性邀她回巴黎。

一九一八年八月，阿波利奈尔、寇堤和雅各伯参加了毕加索和欧嘉的婚礼。毕加索结婚之后，生活上起了重大转变。他略为收敛了过去狂放的作风，慢慢展现大师的风采。他们搬入高级公寓，家里有用人、司机，社交圈子也随之扩大到巴黎的上流社会，以前艺文界人士兴之所至的小聚会逐渐少了，而今他们大都出入豪华的宴会，衣香鬓影、觥筹交错。

毕加索和新婚不久的欧嘉一起在法国、西班牙边界的海滨度假。迷人的阳光海岸、新婚宴尔的甜蜜，启发他在这段时间画出不少以海洋为背景的创作。

一九一八年十一月，毕加索的新家还没有装潢好，便偕同欧嘉暂住旅馆。这时欧洲的战火即将停熄，欢乐的气氛充满巴黎的每条街道，然而毕加索的心情却格外沉重，因为好友阿波利奈尔染上了一种足以致命又极易传染的流行病。好友病逝的消息从电话传到他耳里时，他正站在镜子前面，整个人愣住了，仿佛看到死亡映在他脸上。他从小就画自己的脸，无形中已成了一个系列，可是从那天开始，他再没画过一张自画像。

一九一九年，毕加索画出《熟睡中的农夫》，画中的农夫和他的爱人正沉睡在甜蜜的梦乡，女子躺卧在一堆牧草旁，露出饱满的胸部，一脚搁在牧草堆上，一脚缩在下方，脸部朝着她熟睡的爱人；熟睡的农夫则以呵护备至的姿态，紧守着爱人。画面的背后有一间小农舍，构图简单清淡，没有解析立体主义的精细分割，画中人物的身体比例特殊，显得硕大无比，让人感到特别饱实有力。

俄国芭蕾舞团战后又回欧洲了。迪亚吉列夫要为一九一九年做一场特别的演出，其中一出《三角帽》的剧本是一位西班牙作家写的，因此同是西班牙人的毕加索理所当然成了布景、服装设计的最佳人选。这个时候的他，对剧场的概念比在做《展览》时更实

际一些。他决定要以一般人能理解的方式来取悦观众，便把早期的一些“西班牙式”画作及粉红色时期的作品结合成一幕斗牛的场景——戴着头巾的女人和披着披风的男人坐在弧形包厢里，天空太阳闪亮，一只死掉的斗牛被拖出场中，演员的服装也直接采自西班牙传统服饰。

果然，《三角帽》上演时，他的布景设计受到全场喝彩，剧团的人气也大为提升。人们对这出芭蕾舞剧的赞美直接反映在毕加索的艺术创作力上，《展览》再度推出时，竟也获得空前的成功，使得毕加索成了巴黎最引人注目的人物。

重回古典画风

毕加索以往的画作中，大都带有对社会的批判，如今由于心情的转变，批判的成分明显消失了。一九二〇年，毕加索用铅笔和炭笔为欧嘉画了一张画，名为《围着披肩的欧嘉》，画中华丽的披肩如蝶翼般展开，衬出画中人典雅高贵的气质。在同一时期，他也用铅笔为风烛残年的画家雷诺阿捕捉最后的身影，将他锐利的眼神活灵活现地画出来；线条简洁、精准，仿佛能透析心灵的秘密。换言之，毕加索所作的画，不仅是外形的呈现，也触及内心的感情。

一九二一年，欧嘉为毕加索生下长子保罗。毕加索因此画了很多以“母与子”为主题的作品。这一时期的作品，完全反映母子无忧无虑的亲情，他运用母子之情表达为人父者的喜悦，巨大的母亲身影占满整幅画面，婴儿的手抚摸着母亲的脸。这与他早期所画的母亲抱着生病的孩子蹲在路旁，或是艺人利用表演空当享受着仓促的亲情，在意境表达上已大不相同了。

这时的毕加索非常体贴，一九二二年夏天，他带着欧嘉和保罗到狄耶游玩。那里有个很美的沙滩，晴朗时特别迷人。在吵闹的孩子及喜好社交的太太身旁，他照样能专心地工作。

令人印象深刻的作品《沙滩奔跑的两个女人》便是这时的作品，整个画面彰显两个体形硕大到比例完全失真的女性丰满躯体；显然他还沉浸在礼赞欧嘉怀孕的欣喜中。这一幅画中除了礼赞母性的光辉、发挥古典的画技外，更重要的是，它提供了不同的视觉效果，虽然有点怪异（地平线不平）、有点唐突，而且两位女性手脚的比例也不相称，但大致上还可以接受。

从这幅画，可以看到毕加索一方面企图对真实世界做比较真实的描绘，另一方面，也想借此探索蕴藏在内心的根源问题。

这段假期他从头到尾都很快乐，不过后来欧嘉生病了，他们只好赶回巴黎看医生。

古典画风的极致

太太、儿子、朋友和阳光把毕加索的生活装点得热闹非凡。然而对一名创作者而言，他更需要独处。一九二三年，他出发到安提伯寻找他的孤独。

安提伯是个渔村，他暂时恢复单身的自由，在海边晒太阳、吃东西、找朋友聊天以及作画。许多沉静、美丽的女人和小丑、卖艺人便是那时的杰作。其中一幅名为《吹笛人》的画，更显示他的古典画作已臻于顶峰。这幅画风格典雅，一个吹笛人坐在石头上吹奏着，另一个站在旁边，凝视着前方，专注地听着。毕加索很喜欢这幅画，将它纳入了自己的收藏。

一九二四年，保罗三岁了，活泼、好动，而且讲着一口道地的法语。毕加索十分疼爱他，也常为他作画。一张名为《穿小丑衣的保罗》，充分显示父子情深的欢愉。保罗当时三岁，毕加索为他穿上花彩小丑装，使他看起来比实际年龄成熟。

这一幅画，最大的特色就是毕加索只完成保罗的部分，周遭的景物则留着线稿。或许毕加索是要借着画告诉大家，在他心目中保罗最重要，其他背景有没有都无所谓。毕加索为保罗所画的三张画，在他有生之年一直留在身边。

另一种立体主义

毕加索在恢复古典画风之后，偶尔也会有立体主义风格的作品，一九二一年夏季完成的《三位音乐家》，就是他首次以立体主义一次同时处理一组人员的画作。画中白脸丑角、彩衣丑角、僧侣三人一起演奏三种乐器，他们都戴着面具，双手双脚用夸张变形的几何图形表现，乐器则用立体主义的手法一一加以分解。毕加索透过这些巧妙的创作，逐渐发展出自己的绘画语言。

此时，毕加索独树一格的画风已渐趋成熟，他可以得心应手地作画，名气也越来越响亮，但他仍不忘超越自己。为了在艺术上不断突破，他在巴黎近郊关在一间私人画室里，以便专心作画，尝试新的风格。

毕加索脾气急躁，很容易和朋友起冲突，却又舍不得与朋友分离。失去任何朋友都会令他沮丧，当年卡萨杰马斯的死，对他造成深刻的影响。经过了好一段平顺的日子后，阿波利奈尔的死也在他心里掀起波澜，如今一名早年好友彼克特的死讯又重重地冲击了他。他开始反省近年的生活，对自己的表现深为不满。

他察觉到自己的作品虽然受到认可与赞赏，却失去了以往的爆发力，就好像一个吃得饱饱的、穿得体体面面的人却失去他内心的热情一样。于是他将他的不满化作一幅狂野的画作——《三舞者》。这幅画长达七尺，画中怪诞的人比真人还高，他们手牵着手跳舞，在狂暴中不正常地扭曲着。这三个舞者的后方隐约浮出彼克特的轮廓。他告诉他的朋友《三舞者》其实应该叫《彼克特之死》。

在这段省思的时间里，欧嘉的态度也给了他极沉重的压力。

欧嘉忌妒心强，占有欲又高，跟毕加索一样不会控制脾气。现在家里有仆人，不需要她动手做事，她便用多出来的时间紧盯住先生。像毕加索这般热爱自由的人，岂能忍受这种束缚，他开始在画中释放情绪，譬如怪诞扭曲的女人长着一管猪鼻和满嘴可怕的牙，粗鲁地打着鼾；或长着三角形躯干的人，有个小小的头、平板如桨给人极大压迫感的四肢。如果说艺术是内心冲突的产物，无疑的，这几年里毕加索必定很不快乐。

直到一九二七年，毕加索无意间与玛丽亚·泰瑞丝邂逅，他的生活才又有了转折。他着迷于她的美丽，直爽地向她表示：“小姐，你好美，我愿意帮你画一张画，我是毕加索。”天真的玛丽亚·泰瑞丝对毕加索一无所知，她根本不知道眼前的人是一位举世闻名的大画家，更没想到自己成了毕加索灵感的源泉。

关切祖国

毕加索除了处理个人感情的问题外，也一直很关心祖国的前途，从二十世纪的二十年代末期开始，他更积极地付出具体的行动。

一九二九年的世界经济危机，使得原本已经相当萧条的西班牙更是雪上加霜。西班牙的许多银行停止支付和兑换货币，西班牙的工业、农业和财政几近解体。全国失业工人占了总工人数的百分之四十，各地充斥不满的声音，罢工事件层出不穷，于一九二三年开始执政的李维拉将军被迫交出政权。但是，他的下野并没有解决西班牙的政治矛盾。一九三一年四月十四日，西班牙建立了第二共和政府，国王阿尔索方流亡海外。

就在西班牙人民在政争中取得胜利时，法西斯势力也开始蠢蠢欲动，主张法西斯主义的西达党在一九三三年取得政权，西班牙开始两年的黑暗期。在这个独裁政党掌权下，有三万多的农民被收回农地，失业的工人更高达七十二万人。

一九三三年八月间，就在西班牙国内进行激烈的政治斗争时，毕加索为了逃避欧嘉的压力，决定带着泰瑞丝回巴塞罗那。

当时的巴塞罗那是西班牙工人运动的重镇，也是受到政治迫害的加泰罗尼亚人争取自治权的斗争总部。毕加索看到乡亲同胞积极参与政治活动，备受感动，于是怀着敬意开始构思《人身牛头怪物》的铜版画。

毕加索的新创作并不是无中生有，也不是无病呻吟。他的“人身牛头怪物”创作理念，是来自代表西班牙的斗牛场。他从小深受父亲影响，也非常热爱斗牛。虽然离故乡久远，但当年父子一起观赏斗牛竞技的情形，依然历历如绘。斗牛士的勇敢、具有节奏的精准动作，一直萦绕在他的脑海。

他借着回忆精彩的斗牛场景，联想到西班牙所面临的考验。在许多西班牙人的心目中，斗牛场上的公牛象征恶势力，在斗牛士精准出击下，终难逃脱一死。

毕加索关注同胞的政治改革，期待多数善良的西班牙民众也能像斗牛场上的斗牛士一样英勇坚强、剽悍果决，一举推翻专制的法西斯政权。

一九三四年八月至九月间，西班牙工人又发生大罢工，首都马德里、萨拉哥拉省都出现激烈冲突的场面。为了镇压群众，法西斯头子弗朗哥将军发动内战，残酷地杀害民主人士和爱国分子。

毕加索目睹弗朗哥的残暴，内心非常激动。于是，在一九三七年和一九三八年，制作了两幅铜版画，并且作了一首诗批判弗朗哥的残暴。这些诗作和铜版画，题名为《弗朗哥的梦想和谎言》。它呈现了西班牙民心紊乱、无所适从的处境，以及战争的残暴不仁。

这时，外国势力也乘虚介入，德国和意大利的法西斯分子声气相通，狼狈为奸。一九三七年四月二十六日，德国空军在弗朗哥政府的默许下，竟然毫无预警地出动多架军机，轰炸西班牙北部巴斯克省的格尔尼卡。当时的格尔尼卡是一个毫不设防的小镇，德军的突击行动，从下午四点半起，持续了三个多小时才结束，造成当地人民的重大伤亡，整个小镇也几乎全毁。

这次轰炸事件，令世界震惊不已。虽然许多文字记者和摄影记者都在事件现场，但弗朗哥竟然宣称是格尔尼卡当地居民使用炸药，将自己的小镇炸毁。

幸好正确的讯息很快地传播到世界各地。四月二十八日，巴黎已经获知此一噩讯。当时寓居法国的毕加索，对祖国发生这种骇人听闻的事件，简直难以置信。身为西班牙人，他感到义愤填膺，并很快有了反应。他用最直接的方式，表达对弗朗哥政权的抗议。

反战反法西斯

毕加索拿起画笔开始作画，没多久即完成一幅题名为《格尔尼卡》的大型油画。这幅长达二十尺、高达十二尺的旷世巨作，是毕加索对弗朗哥最激烈的控诉。

《格尔尼卡》是用白、黑、灰三种颜色来表现，黑白相间的色调形成强烈对比，是正义和邪恶的对抗。这三种颜色很适合表现被轰炸过后令人窒息的死寂世界，那是一种属于极度哀伤、属于无情灾难、属于无言抗议的色系，如同挽歌哀悼丧生战火的万物。

画面中有一匹枯瘦的马高声嘶叫着，因为一支长矛穿透它的背，矛尖从马齿间露出来。马蹄下躺着一名受伤的战士，尸体被炸裂了，一只手挣扎着伸出去，另一只握着一把折剑的手，却碰着一朵开得正盛的小花。这不正是歌颂着西班牙人民坚忍奋战的精神，以及复仇的决心吗？

格尔尼卡（一九三七）

马的右上方，一位在轰炸中受到惊吓的女子，从一扇窗口探出头来，她伸长手臂提着一盏油灯，油灯清楚地照亮周遭：一个惊慌奔逃的妇女，半裸着身躯，痛苦地向中央移动，可是她的腿不听使唤，拖在身后的一条腿延伸到画面的右下方。一头巨大野牛的头部、肩膀，还有一条腿，也出现在这一片光亮的地方。在野牛的左下方，有一个仰天呼号的母亲和一个躺在母亲怀中垂死的婴儿。显然这头牛是影射不问民间疾苦的政府。

毕加索透过血泪交织的画作，呈现出格尔尼卡小镇经过轰炸后变成死城的凄凉和死寂，他像法官一般地宣判了弗朗哥的罪行，也坚定地表达了西班牙民众反法西斯的决心。

毕加索除了绘制《格尔尼卡》《弗朗哥的梦想和谎言》等画作，这一时期，他也创作不少铜版画，运用一贯的讽刺手法，对弗朗哥政权的残酷暴政给予最严厉的指控。

婚姻挫折

在个人感情方面，经过一段时间的交往，毕加索和玛丽亚·泰瑞丝的私情终于被太太欧嘉发现了。感情的冲突与内心的挣扎，使得毕加索的画风产生明显的变化。像一九三一年《持刀的女子》、一九三七年《哭泣的女人》，都让人们看到他对女性的恐惧和厌恶。

一九三五年六月，毕加索面临情绪最低落的时期，玛丽亚·泰瑞丝怀孕了，但他和欧嘉的离婚问题，却因为赡养费谈不拢而迟迟无法解决。因此他常常画一些斗牛来舒解情绪。那些垂死的公牛、狂暴的斗牛，以及那些人身牛头怪物的造型，仿佛是他心境的写照。

他低落的心情，可以从写给多年好友沙巴提斯的信中表露无遗。

“今夜，就在写信给你的此时此刻，我心里想着从此放弃绘画、雕刻、蚀刻、写诗。真的，我想从此改行学唱歌。”对于一生热爱绘画的人来说，这句话当然不是真的，他只是感到郁闷，快喘不过气来了。

毕加索的心情深受感情生活的矛盾与冲击影响。事实上，这期间毕加索除了认识了玛丽亚·泰瑞丝，也认识了南斯拉夫籍的摄影师朵拉·玛尔。

他很喜欢泰瑞丝，又不想错过与朵拉相处的快乐，于是帮朵拉找了一间很大的工作室，让她能在巴黎工作。后来他索性在这间工作室附近再找个画室，以便可以就近与朵拉在一起，并为她画画。

一九三八年八月间，德国和捷克的冲突日渐扩大，虽然西方政客出力协调，但是毫无结果，希特勒染指捷克、波兰等国，企图扩张德国领土的野心昭然若揭。就在八月二十三日，德国和俄国公然签订互不侵犯条约，从此更可肆无忌惮地向外用武了。

寓居法国南部

一九三九年九月一日，希特勒发动闪电攻击，入侵波兰，第二次世界大战就此爆发了。法国立刻宣布紧急动员，全国的军人纷纷赶到边境地带捍卫国土，城里的民众则想尽办法逃难，以防止德国再度发动突击。就像一九一四年那样，毕加索身边的朋友也一个一个投身可怕的战场。

第二次世界大战爆发后，毕加索的祖国西班牙，很快就陷入法西斯手里。他和朵拉·玛尔避居的安提伯小渔港原本游客不断，战争爆发后，这里突然变成死城似的，许多男人都从海滩消失了。幸好，毕加索的好友沙巴提斯也住在此地，他们有时联袂到附近的尼斯拜访马蒂斯，或到蒙地卡罗度假。

有一天，毕加索和朵拉·玛尔在安提伯的港湾中散步。他看到渔民们正在整理渔网，准备晚上出海捕鱼。有些人打着灯，以便在海上引诱鱼群；妇女们则围成一圈，认真地修补早已破烂不堪的渔网。他们仿佛背着千斤重的担子，个个神情呆滞，低头工作。

毕加索原本就为祖国的沦陷心痛不已，这时，他又看到法国南方人民也悲惨地在战争中讨生活，更加百感交集。回家后，他拿起画笔，将刚才在海边所见的一景一物全部入画，完成了《夜钓于安提伯渔港》。

毕加索用深蓝和淡紫将画面切割成许多个小几何图形，画中的鱼、虾、蟹都是暴力的象征。整幅画反映出毕加索内心的澎湃，也是一种看似活泼却有高度意涵生活的写照。

《夜钓于安提伯渔港》完成不久，战火已逼近，成千上万的人开始准备逃难。毕加索想将散放各处的收藏品集中放置在一个安全的地方，可是兵荒马乱之际，这件事谈何容易，因此他只好忍痛抛下一切，和几位好友与亲人向南部的罗扬迁移。

大战期间，毕加索也曾被怀疑具有部分的犹太血统，加上他一向反法西斯主义，因此，他的作品在纳粹占领区完全被查禁。

一九四〇年夏天，德军的大炮、坦克开进罗扬。法国统帅贝当将军和希特勒签下停战协议，法国成为沦陷区。

毕加索一直害怕不可预知的未来，以及胁迫的气氛，但一旦这种胁迫成为不可避免的情况时，他却出奇地冷静。以他一贯的政治立场，在这时应该要像许多人一样远远逃离才对，然而他并不。一种诡异的欢乐在他身上流窜，他画了一些有阳光，有海洋、灯塔，令人愉悦的画。然后他收拾行李，动身回巴黎的工作室。

巴黎的街市萧条，空袭警报频传，他除了偶尔探视玛丽亚·泰瑞丝和女儿玛雅外，就很少出门。

战火中的雕塑

一九四二年，战火正炽，毕加索也时常遭到纳粹盖世太保的盘问或搜查，生活不胜其扰，可是他还是不断创作。这时，他开始构思《抱着羊的人》。他想过几种不同的表现形式，像是木刻、石版画或绘画，最后他决定将这件作品放在无障碍的空间，因此它必须是一座雕像。

在物资缺乏的战时，他借着烛光工作，做出一个比真人还高的金属架，再铺上黏土，一座与过去作品截然不同的塑像逐渐成形了。这座雕像的主题是一位体形高挑、身材瘦削、秃头、留着络腮胡的中年男人，他站立着，双腿又长又直，大脚牢牢抓住地面，手上抱着一只即将剪毛的大绵羊，绵羊的头往外扭。成品是用铜铸成的，中年男子的脸部坚定、肃穆又庄严，代表着对前景充满希望。

一九五○年，毕加索将这座铜铸作品送给法洛利市政府。现在法洛利市的广场上，仍然可以见到这座栩栩如生、充满生命力的雕塑作品。

战争终于过去，一九四四年八月二十四日，德军撤离巴黎。毕加索的朋友飞奔到他的工作室报喜讯，热情地述说他们在战争期间如何刻苦度日。

窗外，巴黎街上欢声雷动，毕加索一面作画，一面高歌。

他在一家餐厅遇见的法兰柯丝华·姬洛也给他生活带来了愉悦。

从第二次世界大战爆发到战争结束，毕加索不断地让自己的作品在敌军占领区之外的各地展出。比起降格求荣的画家来，他永不向恶势力低头的气节更显得尊贵。作家艾略尔在一九四四年初就曾经赞扬说："毕加索作画，越来越像是上帝和撒旦的对立，他坚守自持，气节高尚。"

毕加索用创作控诉法西斯的做法，自始至终不曾改变，这也是他性格迷人的所在。

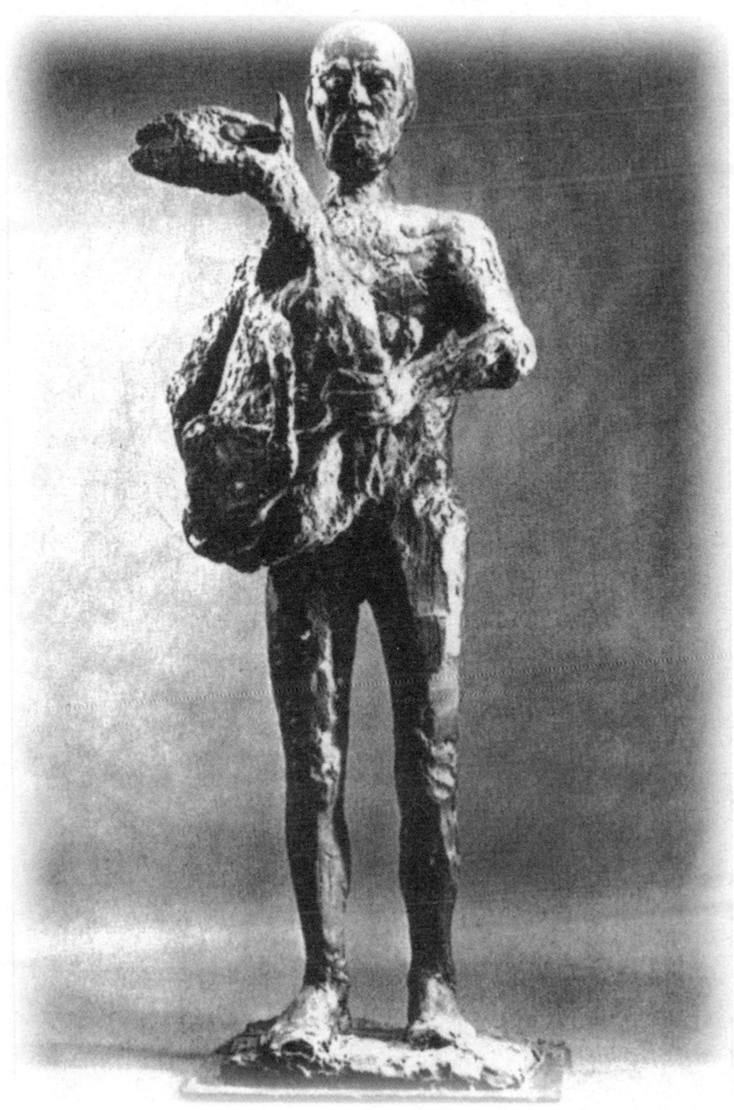

抱着羊的人(一九四四)

毕加索的情人

BIJIASUO DE QINGREN

他对感情的包容力极大，在爱情消失后，友情依然存在。

第一位情人

毕加索除了绘画、雕刻等艺术创作有极高的成就外，他多彩多姿的爱情生活也令人津津乐道。

感情生活在他的艺术工作上一直是重要的动力，每次邂逅心仪的女子，他的画就充满活泼的生命力。

他的众多重要情人中，第一位当属出身犹太家庭的斐南迪·奥莉维亚。她让毕加索从忧郁凄苦的蓝色时期，跨入温暖的粉红色时期。“洗濯船”的生活是他成名、富有后经常会追忆的时光。

伊　娃

一九一二年，毕加索的爱情出现第二个春天，他开始与伊娃交往。伊娃长得非常标致，身材苗条，脸蛋漂亮，毕加索为之着迷。他背着奥莉维亚和伊娃约会，不久这件事却被一位美国女作家斯泰因发现了。

有一天，斯泰因到毕加索的画室找他，扑了个空，只好留下“来访未遇”的字条。过了几天，她再次造访，仍然未遇上毕加索。

但是这一次，斯泰因在画室内赫然发现一幅新画作，题名《我的爱》。画中是一位美丽的女子，连当时一首非常流行的歌曲《我的爱》的歌谱也上了画。斯泰因马上了解此时此刻毕加索心中的爱人，已经不是奥莉维亚了。显然，毕加索为了和伊娃在一起，常常溜出画室去。

伊娃比毕加索小六岁，出生于巴黎东郊的文森区。她成长在中产家庭，比奥莉维亚文静许多。毕加索和伊娃在一起非常快乐。

他们常到亚维侬和色雷游玩。一九一二年六月十二日，他写信给他的画作经纪人坎威勒尔说：“我非常爱她，我会将这一段爱情画在我的画上。”

毕加索几乎将每一位他爱过的女子反映在他的作品中。偏巧除了《我的爱》以及另一幅写上《我爱伊娃》的画外，他就不曾以伊娃当模特儿了；伊娃的早逝，给毕加索留下无比的遗憾。

欧嘉·柯克洛娃

感情生活一度苍白的毕加索，到了一九一七年终于又出现春天。当时迪亚吉列夫芭蕾舞团正在欧洲各地巡回演出，毕加索的立体主义也在酝酿中，诗人兼导演的寇堤希望将毕加索的立体主义和舞台结合起来。两人看法相当契合，于是毕加索便加入舞团。在舞团中他结识了俄国女舞蹈家欧嘉。

欧嘉的父亲是一位俄国上校，她出生于乌克兰，从小热爱芭蕾，二十一岁初次登台就有杰出的表现。

她长得很美，秀发垂肩，从任何角度看都非常迷人。秀丽的外貌和贵族式的丰韵，让毕加索疯狂地迷恋她。迪亚吉列夫芭蕾舞团于一九一七年二月至四月间在罗马演出时，他们几乎形影不离，对艺术的热爱，让两颗心更紧密地连在一起。

一九一七年四月底，该剧团回到巴黎演出。春天的巴黎是亮丽的，市区林荫大道的梧桐树陆续吐出新芽，他们的恋情也急速加温，两人都希望尽速建立一个属于自己的家。

心中充满爱的毕加索，很快就将心境反映在画作上。他在欧嘉的卧室作画，绘出充满阳光诗意的《阳台》。蓬勃的生命力和趣味的装饰反映出无限浪漫的风情。

他不断地以欧嘉为模特儿，在一张编录为一九一七年十二月九日的画作中，更可以看出毕加索和欧嘉美满的家居生活。

画中欧嘉甜蜜地微笑，天真纯情，呼之欲出。画中的毕加索心满意足地坐着，两只爱犬也在身旁，一家其乐融融。

然而，几年相处下来，他们两人的心却越来越远了，因为欧嘉热衷社交，对毕加索的画和人都不似当年热络，善妒的个性更把毕加索逼得极度不耐烦。

在宣泄无门的情况下，毕加索只有将情绪反映在画上，譬如《受难》那幅画中的每个人物，包括基督、盗贼、士兵都严重变形，若不是受到痛苦的折磨，他不可能有如此强烈的情感。只可惜，欧嘉感觉不出来。

如果欧嘉对丈夫更关心一点，她也应该会发现，在一九二七年后，毕加索画风又变了，开始有些亲切的、安详的氛围。没错，就在那时，另一个女人闯进他的生命里了。

泰瑞丝

一九二七年一月，毕加索在巴黎拉法叶百货公司附近的巷子与玛丽亚·泰瑞丝相遇。当时，玛丽亚·泰瑞丝十七岁，对毕加索的盛名一无所悉。四十七岁声誉如日中天的艺术大师见到这位清纯少女，又再度陷入爱情的漩涡。

玛丽亚·泰瑞丝的美丽，启动了毕加索另一类画作的美学细胞。一九三一年十二月七日，毕加索完成一张一位雕刻家正仔细看着一座女子的胸像的画。这位年轻女子的前额和鼻子，就非常神似玛丽亚·泰瑞丝。

一九三二年一月二十日，毕加索又为她画了一张睡在安乐椅上，衣服上有蓝色饰带，体态丰盈的画。到了春天，毕加索更画出一系列的大型油画，几乎都是同一名女子的翻版，形象虽是扭曲，却显得格外可亲。从这些作品的完成日期来看，大约每隔三两天，毕加索就完成一幅画。显然，他陶醉在爱情的喜悦和满足中。

这些画的风格非常新颖，在毕加索的画作中是相当少见的。

毕加索以玛丽亚·泰瑞丝为主题的画作，大都集中在“弗拉尔系列”。这些版画和蚀刻版画都以线条构成，多为描绘希腊罗马的英雄和众神的故事。取名为“弗拉尔系列”，主要是当时他与画商弗拉尔签约，在十年内必须完成一百幅版画。

在这个系列中，有一幅名为《雕刻家的工作坊》，一男一女赤裸躺着，两匹马颈子也相环绕。这些画面无不道出毕加索和泰瑞丝两人的缱绻深情。

一九三三年，毕加索的前女友奥莉维亚出版回忆录，书名是《毕加索和他的朋友》。事前毕加索略有所闻，曾试图劝阻奥莉维亚不要付梓，但未被接受。这本书问世后，免不了揭发了毕加索身体上和道德上的弱点，对毕加索造成相当大的打击，此后十年，毕加索甚至不愿面对镜中的自我。

当然，这本回忆录也让欧嘉极为难堪，面对丈夫过去的女友奥莉维亚和现在的情人泰瑞丝，她的情绪受到双重打击，对毕加索更难有好脸色。两人的关系也迅速恶化，欧嘉甚至通过律师提出离婚要求。毕加索为财产的分配问题大伤脑筋，只好写信求助于好友沙巴提斯。

在这段混乱且漫长的日子里，有两件事让他感到安慰，一件是泰瑞丝为他生下一名女婴——玛雅，多少填补了他心灵的空虚；另一件是与他分别近二十年的好友沙巴提斯回到他身边，与他并肩作战。沙巴提斯决心帮助毕加索，让他早日走出婚姻的枷锁。因为当时毕加索的精神状况很差，他不再进画室，甚至一看到自己的画就几近歇斯底里。欧嘉律师的信函不断涌进，一连串的谈判和争论，让创造力十足的他疲于应付。毕加索常无奈地对沙巴提斯说：“我快受不了了，这像什么生活啊？”

朵拉·玛尔

一九三六年，离婚官司终于告一段落，毕加索又重新恢复社交生活。有一天，他和沙巴提斯来到一家叫杜克马果的酒店小聚。那天晚上，毕加索看到一名女子脱掉手套，手指张开，手掌平放在桌上，然后用一把小刀刺手指之间的桌面。她的用刀准头显然不很高明，有时会刺到手指。毕加索看到这位特立独行的年轻女子，觉得十分有趣，于是用西班牙语跟沙巴提斯说了几句赞美的话。没想到这位曾经在阿根廷住过的女子——朵拉·玛尔——抬起头来看了看毕加索。原来，她听得懂西班牙语。

在毕加索的众多红粉知己中，画家兼摄影师的朵拉·玛尔是最聪明的一位。她的父亲是南斯拉夫人，母亲是法国人，当时全家定居在法国。她黑色的秀发、发亮的淡蓝色眼睛、椭圆的脸蛋、美丽的双手以及出众的仪态，都深深吸引着毕加索。

他为朵拉租了一间工作室，并带她四处探访友人。

这时，西班牙内战正如火如荼，很多故乡的朋友涌进毕加索的家，商讨如何帮助西班牙走出正确的道路。他选择了反法西斯的立场，誓言打倒弗朗哥势力，因此西班牙政府任命他为普提多博物馆馆长。

政治并非毕加索所长，可是他爱国心切，别无选择地与西班牙共和派人民阵队站在一起。他以绘画作为武器，毅然地宣扬他的理念。著名的《格尔尼卡》就是这个时候的作品。

姬洛和拉波蒂

第二次世界大战后期，五月的一个晚上，毕加索偕同朵拉·玛尔和一些朋友在一家餐馆用餐，他看见邻桌的两名小姐和他的朋友打招呼，便拿了一碗樱桃过去，请他的朋友为他介绍。得知这两位小姐也画画，毕加索高兴地邀请她们到他画室去。没多久，一位小姐应邀前来了。她就是法兰柯丝华·姬洛。当年她二十一岁，出身中产阶级，主修文学和法律，也学绘画。

经历二次大战惊恐岁月的洗礼，年轻美丽又是画家的姬洛，让毕加索重新获得新生般的幸福感。重新呼吸自由的空气，加上新爱情的滋润，他的绘画艺术创作又出现另一波高峰期。

一九四六年四月，毕加索为她画了一张《法兰柯丝华肖像》。他以洗练的铅笔线条，勾勒出她的美艳动人。一头蓬松的鬈发向后飞扬，小嘴配上明亮的双眼和笔直的鼻梁，使得画中的女子如鲜花般亮丽。

一九四六年五月底，姬洛开始和毕加索一起生活，并为他生下儿子克劳德和女儿派洛玛。

在这段时间，雅各伯疾病缠身，马蒂斯退隐到远远的汶斯，布拉格更拒绝一切社交，毕加索虽有姬洛做伴，却没有人能与他讨论绘画，也没人能了解他的作品，他深感寂寞。

有一天，一名十七岁的女学生珍妮维叶·拉波蒂代表学校的刊物来访问毕加索，请他解释他的作品。

毕加索亲切地接待了这名害羞又紧张的学生，也给她看了一些他最近的作品和早期画作的复制品。对谈了好一阵子，拉波蒂才鼓起勇气问他："能否说清楚些？我的同学们都不了解……"

毕加索一听，跳了起来。

"了解？"他大叫，"什么时候图画变成教学证明了？它哪里需要解释……它只要唤醒观看者的心。一件让人无动于衷的东西，绝对不是艺术品，它一定要使人有感觉、有反应……"

等情绪稍微平缓后，他便又告诉拉波蒂许多关于美学的事，并邀请她写完采访稿再回来。

这个愉快的开始，让这位女学生每个星期三下午都到他画室来。他们坐在长椅上，拉波蒂稚气十足地谈天，毕加索则拿出美国大兵帮他买来的巧克力招待她。

大部分的时间毕加索都亲切、客气，但他内心却潜藏着一股强烈的怒气，随时伺机要爆发出来，而且一旦发作，很少有人受得了。姬洛时常与他发生冲突，朵拉·玛尔甚至为此陷入精神崩溃的边缘。唯有对拉波蒂，他一直保有天真和烂漫。

“如果我一直不照镜子的话，我就根本不知道自己老了。”他这么告诉自己。

他愿意送拉波蒂画，甚至送她房子，但都被拒绝了。她对毕加索的好并不是为了索取回报，直到毕加索告诉她：“你为我带来太阳，我也应该回送一些光亮。”她才勉强接受一幅油灯版画。只是拉波蒂在毕业后，便远赴美国留学去了。

贾桂琳·洛克

姬洛虽然美貌，却时常闹情绪，一遇不顺心的事，就拉长脸，把气氛搞得很僵，对毕加索而言，无疑也是个折磨。就在一九五四年，已经进入晚年的毕加索又有了新爱人，他与贾桂琳·洛克相遇了。七十三岁的毕加索热恋着贾桂琳。那一年六月，他画了一张《贾桂琳肖像》，画中坐着的女子，五官端正、鼻梁挺直，有着像极了人面狮身人的细长脖子。她穿着黄色条纹的衣服，陷入沉思，双手环抱双膝，眺望着远方，全然沉浸在宁静的自在中。

毕加索有个特别的习惯，除了极少数的例外，他总是与以前的情人维系着良好的关系，即使和欧嘉——那个让他受尽折磨的前妻——也保持联络。他对情感有宏大的包容力，在爱情消逝后，友谊依然存在。每个女人在他生命中都扮演着关键的角色，不过陪他走入历史，在他临终之际守护身边的，唯有贾桂琳。

陶艺与海报

TAOYI YU HAIBAO

一件艺术品绝不能让人瞥一眼就算了。

雕　塑

毕加索除了擅长绘画和素描，同时也雕塑。他利用不同的材料，创作出不同的造型。石膏、木材、纸板，甚至铁板、铁线、铁皮，或垃圾堆、野地的废弃物无一不用。他开创了现代雕塑艺术的一切可能。简单地说，他的雕塑也如同绘画一样，不断翻新，不断蜕变，不断自我挑战。

毕加索年轻时最大的志向是绘画和素描。因此雕塑创作的起步比较晚，大概是在一九〇二年，大约二十一岁之后。从他的创作风格看来，显然受到非洲黑人雕刻的影响。

他的《奥莉维亚的人头像》头部经过切割变形的处理，已经隐约显出他正在形塑解析立体主义的风格。也就是说他开始试着打破雕塑既有的立体感，试图做出不同层次的变形，使它成为有棱有角的小平面。

从他的拼贴技术也可看出他一贯的创新作风。他拼贴的点子纷纷出笼后，千奇百怪的作品也陆续出现，取材更多得不胜枚举。他让这些材料适得其所地发挥所长，在作品中突显它们的质感。

以毕加索当年为诗人好友阿波利奈尔制作的纪念碑为例，一九二八年，也就是好友逝世十周年时，他做了一座纪念碑模型。

毕加索先用水彩画了许多张草图，最后选用铁丝做成一座线条结构简单的雕塑作品，这座命名为《铁线结构》的作品，虽然因为“太过前卫”而未获阿波利奈尔基金会采用，但后来被收藏在纽约的现代艺术博物馆。

这座连毕加索自已也觉得很得意的杰出雕塑品，乍看或许只是一些铁柱和线圈的组合，但仔细观察就会发现它要传达的绝不止于此。毕加索用线圈绕成的圆，代表诗人的头，两个椭圆造型是身体的部分。整体线条组合，仿佛一个人在荡秋千，身体悬挂在半空中。它呼应诗人生前的一首诗：

我要一个无中生有的雕像
来呈现我
就像诗歌和名声一样

虽然这件作品未获采用，但毕加索已经为雕塑开创一个重要的里程碑。《抱着羊的人》更让他跻身杰出的雕塑家行列。

毕加索晚年的情人法兰柯丝华·姬洛透露：

“毕加索想要做一座山羊的雕塑，他就开始寻找合适的材料，几乎每天都到废铁场报到，甚至去翻找别人的垃圾桶。有时，我推着一部旧婴儿车走在他的身边，他就将找到的一些材料丢进婴儿车里。”

的确，毕加索用棕榈叶做山羊的背，用柳条篮做山羊的肚子，用木头和废铁做出山羊的四只蹄，用葡萄藤做出山羊的犄角和胡须；耳朵是纸板做的，胸骨是罐头做的，生殖器是一折为二的铁盖，肛门是一段小铁管。接着再用石膏灌浆塑型，最后浇上铜铸成山羊的铜雕。光是收集材料想必就花了他很多时间。

又譬如《老狒狒和小狒狒》的雕塑，就是他将儿子克劳德不要的两个玩具汽车底部并在一起，再用一个罐子，一颗乒乓球，加上石膏、铁皮和陶土等材料做成的。这样的创作过程，让他随时留意身边可能用到的材料。

他更大胆地使用废弃的木板，组合了比真人还要高的《沐浴者》，也将铁皮加以切割、裁剪、变形，绘上鲜艳的色彩，为他晚期的雕塑增添许多趣味。

陶 艺

毕加索与陶艺结下不解之缘，和位于法国南部普罗旺斯一带的法洛利小镇有着密切的关系。

有一次，他和诗人好友保罗·依鲁德乘车同行，年近六十岁的毕加索在进入法洛利小镇时，就注意到路边两旁的葡萄园、薰衣草、橄榄树层层排开，美得令人目眩。

这座小镇自罗马时代以来，就以陶艺闻名于世。但是到了一九三〇年后，很多陶艺工坊因为过于固守传统手法，显得毫无创意，难以吸引顾客青睐，渐趋没落。

第二次世界大战后，毕加索再度造访这个小镇，并巧遇陶艺名家拉米耶夫妇。有了这次机遇，他开始接触制陶艺术。

毕加索到拉米耶家做客时，顺手拿起一块陶土把玩捏塑，并由拉米耶烧成作品。过了一年，当毕加索再度造访拉米耶夫妇时，看到自己试验性的作品居然摆在展示台上，让他雀跃万分。那种

感觉，就像小时候第一次拥有玩具汽车那样兴奋。从此便一发不可收地栽进陶艺创作中。

那一年，他陆陆续续制作了近两千件陶艺作品，很快便熟悉了揉捏、上釉以及在素烧陶坯上彩绘的技巧。陶艺结合了绘画、雕塑和素描，对熟悉绘画，又曾迷上黑人雕塑艺术的毕加索而言，简直就像在玩游戏。

在法洛利学陶制陶的日子非常惬意。他每天一早起来，穿着背心、短裤和凉鞋，就赶到陶艺工坊去。

一九四七年，由于太投入陶艺创作，毕加索拖延到年底才回巴黎。隔年，他又到法洛利继续陶艺创作。

经过一年多的观察、摸索及亲手操作，法洛利小镇上的陶艺展示架上，出现了不少毕加索亲手捏塑的白鸽、公牛、猫头鹰、妇女头像等陶艺作品。他也用陶做出一些实用器皿，再彩绘鱼类、西班牙的斗牛，或是人像、太阳、牧神等图像，将一般陶器提升到艺术的层次。有些则是纯欣赏的作品，像站着的妇女、裸体跪着的妇女或是吹长笛的男女等，意趣横生。

毕加索的作陶观念和作画观念一样大胆、新颖，让法洛利地方上的不少陶艺师惊讶不已。他根本无视于陶烧的控温规则，但是一样能完成超水准的作品；他甚至会将数个作品粘贴在一块，组成另一件独特生动的作品。

有一次，毕加索将一位陶艺师傅捏成的花器雏形和另一个泥团组合在一起，重新揉捏一番，猛然间，他抓住瓶颈的部分，双手巧妙地捏揉转动，将本来是花瓶的造型变成一只鸽子。

毕加索说："想做一只鸽子，就先从它的脖子下手。"如果角度不对，一切又得重来。泥坯在毕加索的手中，仿佛一张画布，任他挥洒，总是会留下让人印象深刻的作品。

毕加索的陶艺创作做出成绩之后，也在法洛利开设了一间陶艺工坊，跟一些亦师亦友的陶艺名家切磋技巧，交换心得。

陶艺大师拉米耶夫妇在一篇文章中提到毕加索："在一个偶然的机会下，我们有幸教导这位天才学生，并与他一起生活、工作，长达数个月之久。他在这个新领域能够留下丰硕的成果，都得归功于他与生俱来的天赋、想创作的渴望、高强的适应力、谦虚的学习态度，以及热情投入工作的特质。"

当年，拉米耶就以毕加索作品为原型，复制了不少的经典陶烧，直到今天，在普罗旺斯法洛利这座以陶艺为主的小镇上，仍然可以看到毕加索脍炙人口的陶作复制品。毕加索在二次大战后精心制作的《抱着羊的人》的铜雕也伫立在小镇广场上。

法洛利、毕加索、陶艺品，如今三位一体。法洛利让毕加索投入陶艺十余年，毕加索则让法洛利的陶艺事业获得重生。毕加索改变了这座小镇的命运，让它成为一个永远的陶艺之乡。

与海报结缘

几乎在从事陶艺创作的同时，毕加索也热衷海报的创作。一九四五年，第二次世界大战步入尾声，毕加索在巴拉克的介绍下，结识了印刷商莫尔罗特，工作心情再度活起来。三年半内，总共完成了大约二百张海报。海报有几个特质：第一，它可以散播重点讯息；第二，它可以很快引起阅览者的注意，并让人留下深刻的印象。当毕加索对海报有更深的认识后，就经常为自己的画展设计邀请卡，同时为共产党的文化宣传工作服务。毕加索热心钻研出来的新技术，起初总遭到一些海报印刷老手的冷漠对待，不过当他们深入了解后几乎都能欣然采纳。

一九四九年十月间，世界和平会议即将在巴黎召开，共产党高干阿尔贡看上毕加索一幅以鸽子为主题的海报。它是石版画，黑底白鸽，充分象征世人对和平的渴望。这张海报忠实表现了它的特质，却又不落宣传痕迹。一夜之间它就上了巴黎的每道墙面，即使反对共产党的人也称赞不已。

除了鸽子，斗牛也是毕加索热爱的主题。有一张告知民众法洛利斗牛盛会即将登场的海报，他把“斗牛”两个字设计得像是斗牛场四周的栅栏，字体中间也有斗牛士与公牛对峙的图像。这些不仅显示他对斗牛的每个细节了如指掌，更显示他海报设计功力的纯熟。

二十世纪的艺术家对海报制作，大都避之唯恐不及，可是毕加索却游刃有余地发挥海报功能，而且乐此不疲。相较之下，他的艺术领域就比许多人宽广多了。

活力四射的晚年

HUOLISISHE DE WANNIAN

这个人像太阳一样孤独、猛烈地燃烧生命。

传记电影

走过一甲子的毕加索，在世界绘画史上已占有一席之地。他的画作在全球各大博物馆、美术馆展出时，无不掀起风潮，作品的价码也越来越高。如果说毕加索拥有点石成金的身价也不为过，凡是经过他着墨的纸张或画布，马上就成为无价之宝。

六十四岁这一年夏天，毕加索的心境出现极大的转变。从年轻时期在巴黎遇上第一位情人，在巴黎找到最适合的艺术发展环境，在巴黎吸收新知、创新突破、扬名国际，等等，都与巴黎脱离不了关系。但多年来的喧腾已经开始让他觉得厌烦了。这时的巴黎，只会让他陷落在第二次世界大战期间不快乐的回忆中。于是，步入晚年的毕加索决定搬家，搬到乡郊野趣浓厚的地方。他不想再做一个曝光过多的公众人物了，他决定隐遁到法国南部风光明媚的普罗旺斯一带。

一九五五年夏天，他在尼斯买下“加州别墅”。这栋别墅是十九世纪的建筑，非常宽敞气派，可以远眺高夫璜、安提伯等小渔港；画室前更有一座小花园，用来陈列他的雕塑品。为了方便作画，他还整个重新装潢过，把每个房间都布置成巴洛克风格的大工作室，里头都有正在进行的画作。

住在偌大的加州别墅，毕加索的习性不改，千奇百怪的东西到处乱放，让贾桂琳收不胜收。插着干燥花的花瓶、有特殊造型的台灯、掀开的盒子、装零食的瓶瓶罐罐……无处不在。空暇时，他的好友康威勒、沙巴提斯、寇克多等人会来此小聚，他就将作画或雕塑的工作台拼在一起，当作餐桌款待他们。

尼斯位于法国南部，濒临地中海，距离西班牙很近，他常常远眺故国，以排解思乡之情。

这一年，毕加索正式接受电影制作人乔治·克罗索的建议，一起参加传记式的电影《毕加索秘事》的演出，让世人更了解毕加索的生活与创作。这是一部彩色长片，在当时的条件下，可算一桩大手笔的创举。

拍片期间，他非常投入，不论被安排在火炉般的摄影工作室内作画，或在安提伯海滩的画架前摆出作画的姿势，就算四周的工作人员和闲杂人员多而嘈杂，状况难以控制，他都能专注地配合演出。

他经常脱光上衣，露出棕色的身躯，出现在不同的场景。就算地中海的烈日晒得他浑身冒汗，他依然会睁着明亮的眼睛盯住画布，挥洒出完美的线条。

他和所有参与拍片的工作人员一样，每天工作十二至十四小时，为了配合拍电影，他融入角色，画了不少斗牛、静物、鸽子、裸女的作品，从不喊累。

此外，他也跟大家一样，白天工作，晚上玩乐，完全打成一片。

毕加索参加拍片的消息传开之后，尼斯一带闯进许多慕名而来的人。他虽然应接不暇，却仍精力充沛地配合进度，直到全片杀青，电影工作伙伴撤回巴黎后，才恢复平静的生活。

加州别墅

拍片这一年，毕加索作画的数量明显减少。但拍过电影后，新环境效应马上显现在新的画风上。

一九五六年，毕加索完成一幅表现加州别墅生活点滴的画作。这幅名为《尼斯的加州工作室》的画作是一幅画中画，翔实记录了毕加索的工作情境。画面上，有些画架上的画已初步完成，有些则刚动笔不久；正中央的画架上还有一个完全空白的画板。此外，画室外的景物及画室内的摆饰，也都进入画中。显然，毕加索用这幅画告诉世人：“我搬到这里来，并不是无所事事，我还是忙着作画，有些尚未动手，有些已画了一半。我忙，但是我也很悠闲。你看，画室的窗外有蓝天，有绿树红花，室内有我的绘画天地，有我喜爱的俄罗斯茶壶。”

毕加索曾说：“儿童绘画是创意的直接表现，成人作画往往是感受的呈现。”进入返老还童的晚年，毕加索作画越来越凭直觉。

一九五七年九月，他画了一幅名为《鸽子》的作品，或许是这一句话的最佳注解。

窗台上两只鸽子仿若情话绵绵的情侣，窗外是一望无际的蔚蓝海水，有鱼儿跳出水面，海中还有一座小岛；窗里则涌进地中海的热情阳光、温润的海风和花草香。

这幅作品并未寄予深意，只是一种直接的视觉享受，毕加索的心境，显然像窗台前的鸽子一样悠然自在。

隐居古堡

在加州别墅住了三年，还是引起不少观光客的注意，加上多年来一直受到新闻记者的追逐、崇拜者无孔不入的窥探，以及不速之客突如其来的骚扰，让毕加索不胜其扰，于是他决定搬到更隐密的地方。

一九五八年的夏天，毕加索到塞尚的故乡阿莱斯观赏斗牛竞技。他很喜欢这里的人文与景物，很想在这里买一幢房子，他的朋友便为他介绍圣维克多利山下的佛文纳尔格古堡。

这是一座十四世纪的古堡，格局方正，位于山坡顶端，矗立在青翠宁静的山区。淡红色的建筑物与大自然融为一体，美得出奇。比起加州别墅，这里显然更为幽深、宁静，更适合隐居。

毕加索看过古堡后，不到两天就决定买下。他开心地打电话给好朋友康威勒说："我买下圣维克多利山了。"康威勒一时没反应过来，还以为他买的是塞尚"圣维克多利山"系列画作中的一幅哩。

到了九月，毕加索就迫不及待地将过去搜集的画作和艺术品全部集中到这里。这些作品涵盖极广，包括塞尚、勒南、马蒂斯、高更、凡·高、艾尔格列柯、安格尔、雷诺阿、米罗、莫迪里亚尼等人的作品；也有他早期卖出最近又买回的作品。

居住的环境换了，毕加索作画的风格又一如往常也跟着改变了。由于这个地方曾是塞尚的故乡，也是塞尚作画的重镇，毕加索深以为荣地多次跟好友们说："我现在住在塞尚的故乡。"

这段时间，毕加索开始临摹古名画，其中包含莫奈的《草地上的野餐》、德拉克瓦的《阿尔及尔妇女》及委拉斯盖兹的《侍女》。他一方面借由临摹更精确地了解原作内涵，一方面也重新诠释名画的创作思维，并将个人的临摹画作拿来与世人对话。

有人质疑毕加索为什么要临摹这么多名画，他直率地回答："临摹名画，只是我工作的一部分，其他画家可能要耗掉一百天才能完成一件，我却可以在几天内就习作上百张。当我打开窗帘，面对画布，我的作画灵感便源源而来。"

毕加索临摹名画并不是完全抄袭。他是通过临摹，让世人更清楚绘画是一种诠释的美学。

譬如，莫奈在一八六三年创作的《草地上的野餐》，曾经受到不少卫道人士的攻击。他们无法忍受在郁郁苍苍的森林中，竟然有一位画家在为一位裸体女模特儿作画，而在场的两位男性都衣冠楚楚。

毕加索在临摹这幅画时就认真地处理了画家与女模特儿的相对关系，作风甚至比莫奈更大胆。

他一再重复地临摹，仿佛每画一次，就问一次作画的前辈莫奈说：“你是用什么方式在表现那个画家呢？”同时，他也透过自己一再重复临摹同一画作，而让别人在观赏时也能进入他的思考中。

毕加索透过这样的方式，坦然告诉世人：“任何东西都可以尝试，可以修改，可以评量。”事实上，如果打开毕加索的临摹作品，一一与古名画的原作比对，人们就会发现他永远不变的是：不断地变化。

毕加索美术纪念馆

进入晚年之后，毕加索有时也难免会想到一些身后事。他不曾明讲，甚至在画中也不愿出现死亡的象征。然而他的好友沙巴提斯对这点非常有默契，他委婉地提议在毕加索的出生地马拉加成立毕加索美术纪念馆。毕加索告诉他："为什么不设在巴塞罗那呢？我跟马拉加的渊源并不很深。"

于是，沙巴提斯积极着手进行在巴塞罗那设立美术馆的事宜。一九六〇年，曾经让毕加索首次接触到欧洲流行新艺术的巴塞罗那，提供两座十四世纪留下来的宫殿让他挑选。毕加索选择位于蒙塔卡达街的阿奎拉宫。这里是毕加索年少时经常游憩的地方。毕加索将早期的很多画作捐赠给这个美术馆；经济并不富裕的沙巴提斯，也将毕加索早年送给他的作品全部捐赠给这所美术馆收藏。

以当时毕加索的画作价码而言，如果沙巴提斯忍心割爱卖出几幅，绝对可以大幅改善经济情况，但是他深知毕加索的作品是西班牙人的共同财产，也是世人所共有的。因此，他一辈子守护着毕加索送给他的画，其中有些作品还保有毕加索的致意笔迹。艺术，让这两位朋友的情谊维系了一辈子。

美丽的句点

雅各伯、布拉格、寇堤先后去世了，沙巴提斯也中风了。老友相继凋零，毕加索更需要规划自己的晚年。一九六一年，毕加索看上法洛利附近的一处山坡地，一座名为“永生圣母院”的所在作为他终老的地方。

一九六一年三月二日，毕加索正式与贾桂琳结婚，他们低调地在法洛利市政府公证处办理手续。很多人不明白毕加索为何要与贾桂琳结婚，其实，他多么希望临终时能够有个亲密的人陪在身边。

贾桂琳对毕加索晚年的创作扮演着非常重要的角色。在毕加索心目中，贾桂琳的相貌气质，神似画家德拉克瓦的《阿尔及尔妇女》中一名后宫佳丽。因此，毕加索画中的贾桂琳经常身着阿尔及尔风格的衣裳。

一九六六年，也就是毕加索八十五岁那一年，法国政府为他举办盛大的个人特展，共展出五百多件画作、五百多件陶艺、四百件雕塑。这是毕加索作品最完整的一次展出，不只如此，连国立图书馆也展出他的插画、蚀刻、木刻、石版画、油毡浮雕。这一次的毕加索回顾展持续到隔年二月，参观者创下史无前例的八十五万人次的盛况。

一九六七年，毕加索又开始画马戏团人物，他们不再像早期画中那样悲伤、消瘦，反而带着灿烂、强烈的色彩。他原来还想做蚀刻，但沙巴提斯过世的消息让他陷入极度失落的情绪中，因此他专心处理作品，暂时把创作的事搁置下来。

美术馆是沙巴提斯一手创立的，毕加索也将它视为沙巴提斯生命的延续。他捐出了一千多件童年涂鸦的作业簿、青少年时的得奖画作，以及各个阶段的作品，就当沙巴提斯还活着一样。

一九七一年，毕加索欢度九十大寿，法国政府再度给予最大的礼遇，罗浮宫的大画廊重新摆设，将美术史上最耀眼的名画暂时移开，以毕加索最著名的八幅画作取代。毕加索派了大儿子保罗代表他参加法国总统主持的毕加索名画展的开幕式，自己则留在永生圣母院。当天，他留下一些纪念照，目光如炬的黑眼珠依然闪烁着智慧和生命力。

罗浮宫从来没有展出活着的人的作品，毕加索打破惯例，以尚在人间的画家跻身在作古的艺术大师间。

一九七三年四月七日，他邀请朋友来家里共进晚餐，可是临睡时却觉得喘不过气来。当地医生诊断认为，毕加索的肺部受到严重感染，极可能心脏也有毛病。

隔天上午，他爬起来刮胡子，甚至还想带巴黎来的心脏科医生看他的新作，却因为呼吸急促而作罢。他又躺回床上，有时出神地想着往事，有时喃喃自语，不时念着好友的名字。

进入弥留之际，毕加索还跟仍然单身的医生开玩笑，并指着在旁照顾的贾桂琳说："你不结婚是错的，结婚的好处很多。"将近中午，毕加索的心脏停止了跳动。他安详地在一大堆画作和毕生的收藏品之间，含笑而去。

毕加索过世的消息传出后，举世震惊。因为世人总认为毕加索是艺术强人，身体一向硬朗，活力十足，像一道永远不熄的光。

虽然毕加索已经离开人间，长眠在佛文纳尔格古堡的墓穴，但他精彩无比的一生及艺术天才的表现，为世人留下最完美的礼物。

毕加索年谱

公元纪年	年龄	记事
一八八一		十月二十五日出生于西班牙马拉加市。父亲是一位美术老师。
一八九一	十岁	全家迁居拉科鲁尼亚。
一八九五	十四岁	全家搬至巴塞罗那，毕加索进入巴塞罗那美术专科学校就读。
一八九七	十六岁	作品《科学与仁慈》在马德里美展展出，受到重视。该作品又在马拉加市获得金牌奖。
一九〇〇	十九岁	五月一日，巴黎世界博览会展出毕加索的作品《最后的时刻》。与朋友卡萨杰马斯前往巴黎习画。
一九〇一	二十岁	六月返回巴黎。
一九〇四	二十三岁	四月前往巴黎，暂居蒙马特附近的“洗濯船”大杂院。
一九〇五	二十四岁	结识现代诗人阿波利奈尔、美国女作家斯泰因。与奥莉维亚邂逅并同居。四月，阿波利奈尔撰文赞扬毕加索的美术创见。

公元纪年	年龄	记事
一九〇六	二十五岁	结识马蒂斯。
一九〇七	二十六岁	画出《亚维侬姑娘》，立体主义风格初露锋芒。
一九〇九	二十八岁	第一次在德国举行画展。
一九一二	三十一岁	与奥莉维亚分手，结识伊娃。
一九一四	三十三岁	《街头艺人》售得一万一千多法郎。八月，第一次世界大战爆发。
一九一五	三十四岁	十二月伊娃病逝。
一九一六	三十五岁	与芭蕾舞团团长迪亚吉列夫认识。
一九一七	三十六岁	随俄国芭蕾舞团至罗马演出，认识芭蕾舞星欧嘉。四月底返回巴黎。六月，再到巴塞罗那。
一九一八	三十七岁	一至二月间，巴黎为毕加索与马蒂斯举行联展。八月与欧嘉结婚。
一九二一	四十岁	长子保罗出生。
一九二七	四十六岁	一月与玛丽亚·泰瑞丝邂逅。
一九三三	五十二岁	开始雕塑。
一九三五	五十四岁	欧嘉离开。毕加索和玛丽亚·泰瑞丝的爱情结晶玛雅出生。
一九三六	五十五岁	一月，与朵拉·玛尔邂逅。七月，西班牙爆发内战。
一九三七	五十六岁	德国纳粹飞机轰炸西班牙格尔尼卡镇。五月，开始创作《格尔尼卡》，抗议弗朗哥专制政权。
一九四二	六十一岁	开始雕塑《抱着羊的人》。

公元纪年	年龄	记事
一九四四	六十三岁	邂逅二十一岁的法兰柯丝华·姬洛。法兰柯丝华成为毕加索的情妇。
一九四六	六十五岁	开始从事陶艺创作。
一九五三	七十二岁	九月二十九日，法兰柯丝华带着两个孩子离开。
一九六一	八十岁	搬迁至永生圣母院宅第。三月与贾桂琳结婚。
一九六三	八十二岁	巴塞罗那的“毕加索美术馆”正式成立。
一九六六	八十五岁	法国政府为庆祝毕加索的八十五岁生日，举行盛大的个人特展。
一九六八	八十八岁	至交沙巴提斯过世。
一九七一	九十岁	九十岁大寿，罗浮宫特别展出八幅毕加索的作品。
一九七三	九十二岁	四月八日中午时分，逝世于永生圣母院宅第。

图书在版编目（CIP）数据

毕加索 / 郑清荣编写.—西安：陕西人民出版社，2013
（世界伟人传记）
ISBN 978-7-224-10875-0

Ⅰ.①毕… Ⅱ.①郑… Ⅲ.①毕加索，P.R.（1881 ~ 1973）—传记—青年读物②毕加索，P.R.（1881 ~ 1973）—传记—少年读物 Ⅳ.①K835.515.72-49

中国版本图书馆CIP数据核字（2013）第243248号

世界伟人传记 · 毕加索

编　写：郑清荣

出版发行：陕西出版传媒集团　陕西人民出版社
地　址：西安北大街147号　邮编：710003
印　刷：西安市建明工贸有限责任公司
开　本：880mmx1230mm　32开　5.75印张
字　数：104千字
版　次：2014年2月第1版　2014年2月第1次印刷
书　号：ISBN 978-7-224-10875-0
定　价：16.00元